本书出版受国家社会科学基金项目
"我国城市社区建设的方向与重点研究:基于治理的视角"(15ZDA046)
和"双重制度嵌入视角下的社区治理、
社会工作制度与社区工作模式研究"(15CSH076)的资助。

治理情境、专业制度与社会服务供给

Governance Context,
Professional Institution and
Social Service in China

黄晓星　徐盈艳　熊慧玲　杨　杰　著

社会科学文献出版社
SOCIAL SCIENCES ACADEMIC PRESS (CHINA)

序 一

中国的经济取得令人瞩目的成就。这不但得益于几十年的改革开放，也与我们长期实行的"以经济建设为中心"的政策有关。"以经济建设为中心"的实质，就在于把经济发展放到优先序的位置上。在一个经济相对落后的国度，这么做有其合理的一面。但是，随着经济发展到一定阶段，社会发展也必须被摆到重要的位置上，从而改变经济发展和社会发展的失衡关系，扭转"一条腿长，一条腿短"的现象，从原先的经济发展优先转变为经济和社会发展并重。

从党的十六届四中全会开始，中央明确提出了社会建设的要求。党的十八大以后，中央进一步强调要加强社会治理。这意味着，社会议题与经济议题一样，都被摆到重要的位置上。而社区治理就是社会建设和社会治理中的一个重要议题。现在，上上下下都已经充分意识到社区治理的重要性。社区治理不但是认识上的问题，而且涉及"如何做"的问题，必须考虑如何把它做好。在这方面，许多地方都进行了尝试，取得了各种不同的宝贵经验。广州也是如此。分析、总结和提炼这些在地化经验，并上升到学术和理论层面，是学术界义不容辞的责任。我惊喜地看到黄晓星和他的同事在这方面做了扎扎实实的工作。本书就是这些工作所取得的学术成就的展示。

虽然我不是做社区研究的，但我可以感觉到这是一部有分量的著作。它是作者们在长期从事田野调查的基础上所凝结的学术成果。近十年来，本书的作者们对广州市政府购买服务和社区工作进行了深入细致的观察和调查，并在此基础上发表了系列论文。本书对广州市政府购买服务的研究可谓全面、深入、透彻。把社区治理、政府购买服务与社会工作专业制度结合起来进行分析，是本书的一个亮点。

社区研究是社会学的一个传统研究分支。在这方面，芝加哥学派的贡献有目共睹。在社会学被引入中国之时，社区研究就成为一个重点研究方向。在这方面，燕京学派、乡村建设学派都做出了突出贡献。社区研究也一直是中山大学的传统。从国立中山大学、岭南大学的社区研究开始，到20世纪80年代初社会学恢复重建，中大学人一直致力于社区研究。这一传统延续至今。黄晓星等同人的研究，可以说很好地延续了这一传统。

社区的重要性，在这次抗击新冠肺炎疫情中得到充分显露。希望这次疫情不但能够让我们更充分地认识到社区建设与社区治理的重要性，而且能够促使我们投入更多的资源进行社区的营造和治理。同时，也希望有更多社区研究的成果面世。

中山大学社会学与人类学学院教授、
博士生导师　王宁
2020年3月9日

序 二

中国社会工作、社会组织的发展正处于成熟期，从20世纪80年代高等院校开始设置社会工作专业，到现阶段全国各地普遍开展了社会工作的专业服务，形成了许多有特色的发展模式，尤其以上海、广州、北京、深圳等地的社会工作发展为典型。中国社会工作的发展与我国的国情相符，在基层社区和社会组织中逐步形成了一支社会服务的专业力量，能够很好地回应不同人群的不同需求。

我在20世纪90年代初期对社会主义市场经济下社会保障制度的改革进行过分析，认为原有的社会保障体制难以适应时代的发展，必须在社会不同主体的共同努力下重构适应时代发展的社会保障体制，其中之一就是要建立一支社会保障专业队伍。经过20余年的发展，社会工作专业人才队伍成为社会保障体系、社会福利体系中的重要组成部分，承担起社会服务输送的功能。中国社会工作的职业化和专业化始于2003年前后的上海。我有幸在上海参与和见证了整个社会工作职业化和专业化的全过程。2003年1月，上海市政府在政府工作报告中首次明确提出要"探索建立职业化的社会工作制度"，并很快在全国率先颁布了有关社会工作职业化的地方规定。2004年，我参与起草了劳动和社会保障部办公厅颁布的《社会工作者国家职业标准》，还主编了《社会工作者》（国家职业资格二级一级）考试培训教材。自此，各个省（区、市）走上了不同的社会工作职业化和专业化的发展道路。

社会工作的发展伴随我国和谐社会建设、国家治理体系现代化建设的时代背景，发挥着回应居民需要、缓和社会矛盾的重要功能，其发展正处于早期阶段，面临诸多挑战，主要表现为：社会工作理论研究严重滞后于实务活动的开展；社会工作专业教育与实务能力培养之间脱节；社会工作发展中政府主导有余而民间参与相对不足；国家整体性推进战略与地区差别化发展现实之间存在矛盾；社会工作的专业认同与公众认同之间存在较大差异；职业社工培养中价值理念与实务技巧错位；在全球化共识中培育本土化的社工模式还面临许多困难；城市社会工作与农村社会工作发展严重不平衡；大量社会工作服务缺乏有效的督导与评估；社会工作者机构本位与案主本位的关系一时还难以厘清。这些挑战极大制约了社会服务供给的质量，如开始推行政府购买服务的时候，高等院校社会工作专业教师成立社会工作机构承接社会工作服务，从理论逐步走向实务，但初期二者可能是脱节的。高校注重理论教育，缺乏实务训练。社会工作的发展是我国政府主导推动的结果，也导致资源单向依赖，社会组织活力不足。诸多的问题需要在实务的进一步发展以及学者们的经验总结中同步解决。

社会工作的发展也反映了我国社会建设的程度和状态，社区和社会组织是社会建设的前沿阵地，社区建设和社会组织发展要求建立一个中间地带，以满足人们对美好生活的需求，解决社会矛盾。从西方公共服务理论来看，大量有能力的非营利组织是应对政府失灵、市场失灵的重要力量，因此西方学者倡导第三方治理的路径，强调政府和非营利组织的合作。我国社会发展的程度还远未达到西方发达国家的水平，在社会组织和政府的关系上还处于模糊不清、尴尬的状态，社会组织发展在某种程度上依附于政府。社会组织在治理结构上还不甚透明，导致出现公信力危机，公众信任感减弱。同时，在推行政府购买服务之后，社会组织的运作策略又过于偏向市场化，导致偏离社会的方向。社会组织发展的程度与我国国情密切相关，资源大量集中于政府，双重管理体制也一直约束着社会组织的发展壮大。当然，我国有着与西方发达国家不一样的国情，建立一套独立的社会组织发展体系并不适应现阶段的发展，但如何建设具有较强服务供给能力的社会组织应当是现阶段努力的方向。

社会工作的专业化水平和社会组织的发展程度决定了社会服务的供给水平，但已有的理论研究总结还较为欠缺，黄晓星等学者的著作正是在这个背景下对社会服务供给研究的有益尝试。我和晓星在不同的场合碰面，包括中国社会学年会上我主办的论坛，以及参加他负责筹办的中山大学城市社会研究前沿论坛，就相关问题进行研讨。作为年轻学者，他对学术有较为执着的追求，在社区研究、城市社会学等方面的研究也有一定造诣，在国内权威刊物《社会学研究》上已经发表论文多篇。本书是他申报的国家社会科学基金项目的结项成果，他基于七八年的跟踪研究，讨论了社会服务供给，资料翔实、条理清楚、结论可信。

从全书来看，本书沿着治理情境、专业制度的路径进行分析，从研究问题、文献到结论都紧密扣连。本书提出了将过渡治理情境作为对社会服务领域治理情境的概括分析，有较高的洞察力。社会服务领域与经济领域不同，也与行政事务领域不同。创新社会治理是一种过渡形态，我国不同城市的试点都充分显示了这种特点，通过试点总结经验再逐步形成另外一种模式。同时，社会服务领域作为一个整体，很难被切割成不同的目标。这种过渡的特征给地方政府带来了"试错"的空间，也给社会组织发展带来了一定的自主性，从2004年到2015年社会组织的发展则可见一斑。但同时也给社会组织带来了较大的不确定性，社会组织对自身角色和定位不清晰。过渡治理情境是从理论对话中提出的分析概念，在正文中作者对社会组织的定位、政府和社会组织的关系等方面做了较全面的分析。

单纯从治理情境进行分析，可能还不够，本书的特点之一就是引入了治理情境和专业制度的互动。由于这种过渡的特征，专业的发展也打开了一个窗口，社会服务组织能够基于专业的判断提供一定的服务。本书的洞见是，这种自由裁量权在专业发展不充分的情境下，反倒可能产生一定的消极性，抑制了其积极性。其中有管理主义的过度影响，也有社会组织自身的能力问题。书中提及的"活动化""指标化"等状况在不同城市都有所体现。治理情境和专业制度的互动产生了现阶段可能存在的社会服务困境，不同主体对社会服务出现各种批评，也推动了社会服务进一步转型和发展。

广州市是社会工作和社会组织发展先行先试的示范点，家庭综合服务中心积累了较多的实务经验，在摸索中逐步发展成熟，这些经验也促成了丰富的学术成果的产生。本书基于广州市家庭综合服务中心的经验研究，有着较为扎实的实务工作和经验研究基础。虽然社会工作、社会组织发展还存在诸多问题，但本书也指明了一个积极乐观的方向，即基于社区的整合实务的探讨，以及发展协同合作的服务供给思路。

本人对作者的判断表示赞同，对于一个城市社会服务的扎实分析能够深度描述和理解中国社会服务的发展，作者也力图将个案分析置于中国发展的大情境之中，尝试走出个案本身来进行更宏大视野的分析，这与作者一贯的学术勇气和理论自信是分不开的。虽然部分章节的分析还有待深入及进一步的理论推敲,但字里行间都能够彰显作者的学术功力,以及对待学术的认真态度。在未来的研究中,如果能与上海、北京、深圳等地的社会服务供给发展进行比较研究,可能会有更多、更深入的发现,由此也能够进一步优化大都市的社会服务供给,我们也时刻期待此类成果的出现。

是为序。

教育部"长江学者"特聘教授、华东师范大学

社会发展学院院长　文军

2020年3月13日·上海金沙江寓所

目 录

第一章 导论 …………………………………………… 1

第二章 概念脉络与分析框架 ………………………… 6
  第一节 治理情境的变迁与社会服务领域 …………… 6
  第二节 社会工作专业化与社会服务供给 …………… 27
  第三节 社区工作模式选择 …………………………… 42
  第四节 分析框架 ……………………………………… 48

第三章 研究方法与研究伦理 ………………………… 51
  第一节 研究方法 ……………………………………… 51
  第二节 研究伦理 ……………………………………… 55

第四章 双重制度嵌入与社区工作模式的形成 ……… 57
  第一节 社区治理制度和情境 ………………………… 57
  第二节 社会工作专业制度发展与专业的社会服务 … 79
  第三节 社区工作模式形成与选择 …………………… 90

第五章 社区工作模式中的社会服务组织定位 …… 107
  第一节 社区治理情境与社会服务组织定位 ……… 108
  第二节 专业情境与社会服务组织定位 …………… 123
  第三节 服务监管、评估与专业定位调适 ………… 129

第六章 社会服务组织的自由裁量权与选择性服务 … 138
  第一节 治理情境与社会服务组织的被动性 ……… 138

第二节　社会服务组织的自由裁量权与实际运用 ········· 159

　　第三节　社会服务组织的选择性服务 ················· 170

第七章　社会服务困境与社区工作模式的标准化 ········· 183

　　第一节　社会服务主体关系的调整 ··················· 183

　　第二节　社会服务过程的标准化与规范化 ············· 188

　　第三节　从"碎片化"到试图整合：评估改革及

　　　　　　113X模式的应用 ························· 191

第八章　结论与讨论 ································· 198

　　第一节　社会服务与社区工作模式的治理情境

　　　　　　再分析 ··································· 198

　　第二节　社会工作专业制度与社区工作模式选择 ······· 202

　　第三节　社会服务的困境与转向 ····················· 206

参考文献 ··· 211

附　录 ··· 232

　　1. 广州市家庭综合服务中心（社工服务站）承接

　　　 情况 ······································· 232

　　2. 政府购买社会服务相关的政策目录 ············· 244

后　记 ··· 260

第一章
导　论

　　社区服务是社区建设提出的首要内容。1986 年，民政部部长崔乃夫提出在城市开展社区服务工作的任务，确立了城市民政社会保障工作以"双福加服务"（社会福利事业、社会福利企业加社区服务）为重点（唐钧，1990）。1989 年，全国人民代表大会通过的《中华人民共和国城市居民委员会组织法》明确规定：居委会应当开展便民利民的社区服务活动，确立了社区服务供给的主体。1993 年，14 个部委联合颁布《关于加快发展社区服务业的意见》。在这一阶段，社区建设的政策逐步产生和发展，社区开始成为新的城市服务单元，着手解决单位制逐步解体过程中的社会问题。2000 年《民政部关于在全国推进城市社区建设的意见》明确了社区以居委会管辖范围为基础，"随着国有企业深化改革、转换经营机制和政府机构改革、转变职能，企业剥离的社会职能和政府转移出来的服务职能，大部分要由城市社区来承接。建立一个独立于企业事业单位之外的社会保障体系和社会化服务网络，也需要城市社区发挥作用"，拓展社区服务是社区建设的重点，"在大中城市，要重点抓好城区、街道办事处社区服务中心和社区居委会社区服务站的建设与管理。社区服务主要是开展面向老年人、儿童、残疾人、社会贫困户、优抚对象的社会救助和福利服务，面向社区居民的便民利民服务，面向社区单位的社会化服务，面向下岗职工的再就业服务和社会保障社会化服务。社区服务是社区建设重点发展的项目，具有广阔的前景，要坚持社会化、产业化的发展方向"。因此，社区服务体系构建是将社区作为服务单元的构建，社区成为承接各种服务的载体，成为社会化服务的输送单元。

在社区服务的推进下，社区建设出现了多种模式，积累了较多的地方性经验，比较典型的模式有上海模式、江汉模式等。上海从社区服务开始，提出建立城市社会保障体系，城市基层管理从单位转向社区。1996年，上海城区工作会议提出"两级政府、三级管理"的城区管理新体制，"以块为主，融条于块"，突出街道办事处的职能。1997年，上海确立"二级政府、三级管理、四级网络"的社区管理体制。武汉市江汉区于2000年在全国率先提出建立政府行政管理与居民社会职能运行的体制机制，提出政府与社区分权改革，创立了江汉模式。2008年，江汉模式启动了新一轮的基层社会管理体制改革，确立了社区公共服务站人事建议权、评议监督权、事务协调权、资格评议初审权、经费使用把关，从社区管理转向社区服务。

近年来，不同地区开始创新社会治理体制，推行政府购买服务，构建社会服务平台。2004年，党的十六届四中全会明确提出"加强社会建设和管理，推进社会管理体制的创新"，各地开始不断探索社会管理创新，我国的社会建设进入新时期。2004年以来，政府购买社区公共服务逐步推广，社区公共服务的供给方式从原先以街道办事处、居委会为主，以非正式组织为辅转向现阶段的政府与社区组织联合供给公共服务。2007年党的十七大报告提出要"建立健全党委领导、政府负责、社会协同、公众参与的社会管理格局"以来，中国许多城市大规模地开展社区工作试点,探索本土社区工作发展的可行路径。社会管理体制创新中的一个重要举措是推动社区服务体系的转型,通过政府购买服务政策,引入专业的社会服务组织提供社区服务,促进社区服务的网络构建。2011年,我国《国民经济和社会发展第十二个五年规划纲要》直接提出"改革基本公共服务提供方式,引入竞争机制,扩大购买服务,实现提供主体和提供方式多元化"。《国务院办公厅关于印发社区服务体系建设规划(2011—2015年)的通知》中,政府购买社区服务被列入重点任务,"建立健全社区服务组织。建立健全社区党组织、社区居民自治组织。辖区人口较多的,可根据工作需要建立社区专业服务机构,实现对社区全体成员的全员管理和无缝隙管理服务。加强社区党建工作,大力培育社区服务性、公益性、互助性社会组织,注重培养社区社会组织负责人队伍,对不具备登记条件的社区社会组织实行备案制度,并在组织运作、活动场地等方面为其提供帮助。加大政策扶持力度,通过政府购买服务、设立项目资金、活动经费补贴等途径,积极引导各类社会组织和各类志愿者参与社区管理和服务"。2013年,《民政部 财政部关于加快推进社区社会工作服务的意见》指出,原先社区社会工作服务存在基础薄弱、社区社会工作服务平台不宽、规模范围较小等问题,"与中央促进社区发展、加强社区服务体系建设、创新基层社会管理的要求以及广大社区居民不断增长的专业社会工作服务需求相比尚有较大差距"。其中一个主要任务是"不断拓宽社区社会工作服务平台","鼓励有条件的街道和乡镇依托现有资源创建社区社会工作服务组织、设立社区家庭综合服务中心等方式,吸纳和使用社会工作专业人才,面向城乡社区特殊、困难群体提供社会工作服务"。20余年的社区服务进展反映出社会服务领域中社区层面的变化，服务主体从居委会转向居委会、社会服务组织等并重。各地政府购买社区服务及社区工作试点开始蓬勃发展。党的十八届三中全会、十九大、十九届四中全会进一步提出"推进国家治理体系和治理能力现代化"，社会组织发展、社会服务供给等是我国基层治理新格局的重要组成部分，尤其是党的十九届四中全会通过的《中共中央关于坚持和完善中国特色社会主义制度 推进国家治理体系和治理能力现代化若干重大问题的决定》对社会服务的界定，"构建基层社会治理新格局……推动社会治理和服务重心向基层下移，把更多资源下沉到基层，更好提供精准化、精细化服务"。社区服务是基层社会治理新格局的组成部分。

在这方面，广州市社区服务走在全国前列。2009年时任广州市市长张广宁在提出"学习香港先进社会管理服务经验"的要求后，同年9月10日至13日，由广州市副秘书长陈道平、市民政局局长李治臻和市政府研究室副主任林进炎组成的考察团赴香港考察社会管理服务工作，提出"大力推行广州市社区综合服务中心的试点建设工作"，确定2010年至2012年为试点阶段，并全面推进试点街道社区综合服务中心的建设和服务工作。2011年，广州市开始在20个街道试点推行家庭综合服务中心（以下简称"家综"），2012年家综在全市132个街道铺开。迄今为止，社工服务站（家庭综合服务中心从2018年开始改为社工服务站，以下简称"社工站"）已在全市大部分街道铺开。

在此背景下，本研究讨论社区工作模式与社会服务供给的议题。社区工作模式和社会服务供给受到社区治理制度和社会工作专业制度的双重影响。在社区治理制度中，政府是重要的主导组织，其扮演何种角色决定了社区治理的结构，政府和社会组织的关系形态影响了社会服务的供给；在社会工作专业制度中，社工机构的能动性是社工机构的重要行动制度。因此，研究问题是：社区治理制度和社会工作专业制度如何影响社区工作模式的选择和发展；社会服务组织如何提供社会服务；产生了什么样的结果。

第二章
概念脉络与分析框架

近年来，对于社会工作的讨论，多集中于从宏观制度层面探讨社会工作服务以及从实践层面探讨嵌入街区权力关系中的社会工作的困境。与以往研究不同，本研究从治理情境、社会工作专业制度出发，从社会工作者和社会服务组织的角度来分析社会服务供给，讨论在社会治理情境变迁中的社区工作模式。

第一节 治理情境的变迁与社会服务领域

治理情境决定了地方政府的行为，以及其他社会主体的回应方式（吕方，2013）。对社会服务的解释，需将其置于治理情境中，但社会服务领域所面临的情境约束与其他情境截然不同，有着不同的逻辑，从而产生了不同的结果。

一 社会服务领域的治理情境：过渡治理情境

1978年以来，中国最大的事情当为市场转型，在市场转型的推动下出现了社会转型，在这个过程中，国家的作用是巨大的，社区在这种情境下发生了巨大的变化，社区治理情境也在发生变化。最为直接的机制是基层社会管理体系的改革，从单位制转向街居制、社区制。中国城市化、市场化与西方社会有着不同的路径,也产生了与西方社区不同的演变过程。中国的社会结构变革包括体制转型、市场转型以及其他一系列的改革,中国社区面对的情况显得更加复杂。

改革开放以前,中国的社会组织基本上是各种类型的单位组织(李汉林,2004:1)。在这种结构中,单位控制了个人的一切资源,使个人依附于单位,成为"去个人化"性格的单位人,而不是能够参与社会讨论的公民主体。政治组织与专业组织融为一体;国家的意识形态全面渗透到个人思想中,并控制、管理着个人生活的方方面面。所以,国家的大部分行为必须通过单位去传输,单位成为国家动员个人的强有力的中介,也是共产党对个人的组织化动员成功的体制因素。在城市里个人依附于单位,而在农村个人依附于农村公社,城乡二元格局形成并得到发展。单位(公社)是工作的共同体,对生活又有着强有力的控制。个人的荣耀与单位在社会中所处的位置息息相关,也只有通过生产出单位共同体才能够获得生存。如果回到滕尼斯原先的社区(共同体)概念中,中国改革开放前的单位、人民公社更为接近。如果谈论有空间意义的共同体,即最常使用的社区概念,1949 年至今经历了三个阶段:20 世纪 50 年代是第一阶段,单位和社区齐头并进,建立了街道、居委会制度等;60 年代至 1979 年是第二阶段,单位社会全盛时期,社区沦落到城市社会的边缘地位;80 年代至今,单位解体,社区取代单位成为基层社会管理的重要部分(徐琦、莱瑞·赖恩、邓福贞,2004:166~167),其重要位置越发加强,成为社会治理的基本单元。

党的十一届三中全会以来,中国确立了改革开放的方针,并逐步由"有计划的商品经济"过渡到"社会主义市场经济"。国家对市场经济的培育必然伴随着国家权力从经济领域的部分退出，这也带来了更多的体制外资源，而国家从社会中逐步退出（邓正来，2002）。单位与改革开放前的法定社区是被计划的社区，在政府的全权管理之下运作（徐琦、莱瑞·赖恩、邓福贞，2004：166）。单位制从新中国成立后到改革开放前对社会整合起了重要作用：政治动员、经济发展、社会控制；人与人之间关系非常密切，但也造成了不良后果：培育了总体性社会，个人则养成了依赖性人格（何海兵，2003）。在单位制还未完全消解的情境下，对城市社区整合与控制机制的分析实质上是沿着国家政府—单位组织—单位组织成员的思路展开的，对于以空间为基础的社区并没有太大的分析意义（李汉林，1993）。当单位制解体之后，则出现社会失范的问题，原本的依附关系被打破：个人从单位中释放出来，直接被还原为原子化的关系，尤其是商品房改革之后，个人进入陌生的商品房小区之中，更无所适从。单位制到社区制的体制改革是基层社会管理体系变迁的原点，自由的个人的发展更加重塑了国家与社会之间的关系。所以，单位制改革是使个人从共同体中解脱出来进入社会的过程；而街居制、社区制的构建则是使自由的个人重新进入社区的过程。

20 世纪 80 年代，单位制逐步解体，街道体制改革是城市经济社会发展的客观要求，是城区综合改革的"突破口"（李慎，1988）。计划经济的改革一方面涉及市场的放活，另一方面要重塑基层社会管理，以保证社会的稳定。很大程度上，后者的建设为前者服务（孙炳耀、方明、王琦、王颖、李汉林，1988）。因此，基层社会管理体制从单位制转向社区制，是从计划的单位转向计划的社区的过程。前者体现为单位组织的控制，后者体现为街区治理组织的重建与能力的建设。在此过程中，城市街区权力经历了"社区行政建设"的过程，街区行政权力从一种虚拟状态向一级政府实体化转变的过程，促进了国家政权在全国范围内的建设（朱健刚，1997）。整体舆论认为从计划转向市场是国家从社会中退出的过程，但朱健刚认为社区内政府权力并未按"小政府、大社会"的方向缩小，反倒在重组的时候正在强化，权力中心正在由以往单纯的政府行政控制向半行政半自治的社区管理委员会过渡，导致街区内组织网络的变迁，可称为"权力的三叠组织网络"（街道办和居委会，社会中介机构，街道党工委）（朱健刚，1997）。这体现了国家－社会关系的变迁，以及国家在基层社会管理合法性的重建等话题。

社区建设是伴随单位制的改革而来的，社会环境转变、社会结构转型和社会需要变化导致原先国家对社会的强控制削弱，产生了很多社会问题，譬如老年人服务问题、青少年越轨问题以及许多需要社区配套服务才能解决的问题，这些问题本来是在单位中解决的，而现在由于社会转型，需要转移到社区中解决。王青山、刘继同把中国的社区建设分成四个阶段：①社区建设理论探讨阶段（1991年7月至1993年3月），以民政部部长崔乃夫在1991年7月5日第一次提到社区建设这个词为标志；②社区建设实践探索阶段（1993年3月至1999年3月），以民政部李宝库等人开展以创建"文明社区"为特色的社区建设活动为标志；③社区建设科学实验阶段（1999年3月至2000年11月），以北京、上海、广州等一系列的社区建设试点为标志；④社区建设全面推进阶段（2000年11月至今），以中共中央办公厅、国务院办公厅向全国转发《民政部关于在全国推进城市社区建设的意见》为标志（王青山、刘继同，2004）。社区建设重点内容有社区环境建设、社区经济建设、社区文化与教育建设、社区治安与秩序、社区组织与队伍建设、社区法制建设和社区管理等，对街道、居委会委以重任（刘继同，1994）。

可见，社区建设是自上而下有计划的社会管理，而非强调社区本身的生成与发展。宋秀卿、项飚（1997）用"被动经纪模式"来说明街居制的建立与变化，街道与居委会承担起基层社会管理的职能，隶属于政府；社区建设伴随着政府在基层管理的权力的变化，从巨人变成权力的网络，对社会"原子"进行重组。他们认为，从单位制转向街居制，又转向社区制，目的是把街居组织由政府的"脚"变成社区居民的"头"，把简单的行政区划变成具有自我组织性和能动性的"地方性社会"，重构居民与政府的关系。杨敏（2007）把这种社区建设定位为国家治理单元（state governance unit）的建设，所谓国家治理单元，是国家用以贯彻决策实施过程、实现社会控制和社会整合的基本单位。她认为，尽管在治理中国家承认市场社会中权力主体多元化，强调社区自治，但党组织和实际上受街道办控制的居委会组织始终是居于领导地位的社区权力组织，主导社区建设的微观运作。这种社区治理单元运作机制在于"行政吸纳社会"，即将社区自治机制纳入行政体制，通过吸纳和整合社会资源来推进国家基层政权建设（吴清军，2004）。何艳玲（2006）在广州乐街的研究中，也发现了同样的逻辑，即国家权威的重构，她提出了国家在后单位制时期通过"组织边界扩大化"与"组织去法团化"所实现的权威重构，认为国家依然可以将其力量渗透到街区乃至市民的日常生活。

因此，当考察社区治理时，学者们关注的是国家或市场权力在单位制结束之后如何重新进入社区及如何重构社区的问题，政府推动的社区建设是一种自上而下计划的社区。政府部门等构成了社区的外部控制结构，是"社区性"的重要维度

（黄晓星，2011），国家与市民社会的宏观关系则通过政府部门与社区组织的互动体现出来。宏观的国家－社会关系在社区中的体现可划分为断裂论、嵌入论、粘连论三种关系形态（桂勇，2007），在转型期国家－社会关系呈现含混－谋略型的状态，在社区中体现为国家基层政府部门与其他社区主体的策略性互动行为（黄晓星，2013）。国家权力进入社区的策略大概可区分出三种：政府渗透与控制策略、政府与市场互动策略、政府培育社区策略（黄晓星，2013）。朱健刚、杨敏等人的研究已经指明以街道、居委会建设为主的社区建设是政府渗透与控制策略（朱健刚，1997；杨敏，2007）；政府与市场互动策略体现在对物业公司的培育中，如张磊等在对业主维权的关注中发现政策条例明显倾向于房地产开发商等（张磊、刘丽敏，2005；张磊，2005）；政府培育社区策略可见于近年来的政府购买社区公共服务。三种策略也体现了国家重新进入社区的三个不同阶段。与社区的外部控制结构相对应的是内在的社区共同体的形成与发展，往往跟社会的生产联系在一起，涉及社区权力结构变化以及公民权利的话题（黄晓星，2012）。

政府部门与不同的社区组织之间形成了新的基层治理网络，体现在社会复合主体的联合治理上（张兆曙，2010），不同主体在社区治理体系中占据不同的位置。近年来，和谐社会、社会管理创新等政策理念的提出使基层社会管理发生了变化，社区公共服务的供给方式从原先街道办事处、居委会为主、非正式组织为辅（高振荣、陈以新，1989；唐钧，1990）转向现阶段的政府与社区组织联合供给公共服务。政府购买社区公共服务逐步推广，2004年以来可视为中国社区建设的新阶段（黄晓星，2013）。社工组织、家庭综合服务中心在社区中的发生和成长将会对社区结构产生巨大的影响（黄晓星，

2013)。

在转型时期的社会建设和社会治理中,社会服务组织承担了重要的职能,其作为治理主体被塑造出来。对于社会服务、社区工作的研究,首先是对社会服务组织的讨论,社会服务组织所处的社会情境影响了社会服务的生存和发展,而社会情境则受到所处政治环境的影响。不同层级、不同属性的政策执行者会对社会服务组织所提供的服务产生不同程度的影响,如宏观政策的"模糊发包"特征以及地方政府的风险控制与技术治理(黄晓春,2015)。关于治理体制的形成和运作的研究中,晋升锦标赛、共谋体制和行政发包制等更多的是对科层体制内的分析,如周黎安提及行政发包制是基于行政制和发包制的中间理想类型,是一种行政组织边界内的内部发包制(周黎安,2014a,2014b);另外,自上而下的任务发包主要集中于经济领域,经济发展的绩效更容易相互比较,能够被分解及发包,因此压力也能实现从上到下的转移。当转向外部,以及转向社会组织和社会服务领域时,则呈现另外一番景象,如"模糊发包"(黄晓春,2015)。

第一,体制外部往往是被治理的目标对象,是权力需要渗透的领域。当解释地方政府的行为时,强风险约束环境是地方政府面临的治理情境;当解释社会组织行为时,地方政府的行为成为治理情境中的重要部分。政府出于目标聚焦和规避治理风险的考虑,将公共服务型社会组织作为重点发展的目标,在资源与合法性赋予上进行大力扶持。政府会对社会服务组织的服务进行限制和制度筛选,地方政府的权力也会渗透进入社会服务组织的场域(黄晓春,2015)。褚松燕(2008)认为目前政府与社会服务组织的关系主要有四种:政府主导型、第三部门主导型、二元模式以及协作模式。但地方政府对于社会服务组织的策略更多的是吸纳（朱健刚、陈安娜，2013），而非像基层政府般的共谋。从体制内外的区分来讲，部分学者所呼吁的"嵌入"（王思斌，2011；熊跃根，2006），在某种意义上是社会服务组织进入权力结构或体制的主动方面。

第二，创新社会治理是一种过渡形态。政府对于社会服务组织持一种含混性态度。社会工作的产生和发展是政府推动的结果。政府向社会服务组织购买公共服务（purchase of service contracting，POSC）是指政府将原来直接提供的公共服务事项，通过直接拨款或公开招标方式，交给有资质的社会服务组织来完成，最后根据择定者或者中标者所提供的公共服务的数量和质量来支付服务费用（王浦劬、莱斯特·M.萨拉蒙，2012）。但在中国情境中，这种推动建立于"先观察"的基础之上。在政府购买社会服务过程中，政府与社会服务组织的关系按照理想模式，应该是一种平等的伙伴关系（刘承水、胡雅芬，2012）。在实际服务过程中，政府对于社会服务组织却持一种既支持又质疑的态度。一方面，政府购买公共服务的试点推动了社会服务组织的发展；另一方面，政府又质疑社会服务组织在社区内的相关服务。萨拉蒙笔下的合作伙伴关系理论不适用于中国情境（黄晓星、杨杰，2015）。在西方公共服务发展过程中，政府一方面"放权"，另一方面通过指标、职业考试等标准来限定社会工作所谓的专业服务。街头官僚所扮演的中间人角色可能会分离政治家与人们之间的联系，因此损害公共责任和民主（Scott，1997）。但在中国创新社会治理的过渡形态中，"放权"的基础是权力维持下的问题解决，一方面强调治理主体的多元化，另一方面又警惕社会组织发展壮大之后的非预期风险。强调治理创新的前提在于稳定性的控制，政府采用了新管理主义中的工具主义，加强风险控制。在西方语境下，新管理主义对公共性产生破坏；而在中国语境下，治理创新却是在公共性欠缺的情况下提防公共性的生长。中国不同层级的政府态度也不一致，宏观政策和地方政府政策也不能较好衔接，体现出不同政府部门治理的多重态度。

第三，社会服务领域的治理体制与经济领域不同。在经济领域，治理情境是强风险约束、强激励；但在社会领域，地方政府的治理情境是强风险约束和弱激励的不相匹配，因此出现"模糊发包"的治理机制（黄晓春，2015）。在社会治理创新的背景下，社会服务处于从社区建设到社区多元治理的转型过程中，政府购买服务即社会服务组织提供社会服务改变了政府主导社区建设的局面。不同于经济领域，社会服务组织所提供的社会服务存在以下几个特征：①社会服务难以被切割分解成不同目标，从而达到发包的目的，这难以通过清晰的指标来界定；②社会服务绩效难以衡量，各种各样的指标体系也很难获得较高的效度和信度；③社会服务难以在短时间内发挥作用，其对社区的影响需要在长时间中发现。这就导致不同地方政府对社会服务组织的评估有着较大的差异，而难以像经济任务那样以发展指标对待。以上特征构成了过渡治理情境的约束性条件，即地方政府对于社会服务领域的含混态度：一方面，希望社会服务组织能够在社会治理创新中发挥重要作用，创造行政"亮点"；另一方面，在维稳因素的影响下，地方政府会对社会服务组织提供的服务进行监督和控制。

政府购买服务制度促进了社会服务组织的发展，存在较大的外溢性，但同时存在促成和约制两种效应（徐盈艳、黄晓星，2015）。促成效应体现在社会服务购买的极大资源投入以及政策自主性方面，约制效应则体现在各种评估制度以及监控等方面。在社会治理过程中，社会服务组织的发展受到不同程度的限制。政策的模糊性、技术主义发展思路的盛行以及行政技术性目标时常主导着社会组织的发展逻辑等,导致中国社会组织发展的制度环境长期被锁定在较低水平的技术治理层次(黄晓春,2017)。

因此,在社会服务领域,治理情境与之前学界所分析的大相径庭。社会服务组织面临的是与体制内不同政府部门之间的关系,前者可能是积极嵌入,而后者则可能是吸纳或排斥。在最近几年的创新社会治理体制中,各地创新举措频出,政府部门则希望通过职能转移等激发社会活力,但同时以观望的心态注视社会服务组织的发展动态。社会工作参与社区治理能够促进社区治理创新,形成新的治理结构,倡导新的治理理念,形成新的治理机制,形成可发展的治理结构和实现社会治理的功能(王思斌,2014),而这需要进一步从专业化和社会服务组织的行动等角度来解释。

二 政社关系的变迁与社区治理

社区治理创新要求治理主体多元化,尤其是在政府主导下社会协同和公众参与的作用,治理主体的合作是社会服务供给的重要机制。社会服务组织在不同国家面临着不同的情境,并产生了不同的发展态势,其中重要的情境变量有生态变量、公共政策结构、跨部门之间的关系等(DiMaggio & Anheier,1990),尤以政府和社会服务组织之间的关系为重中之重(Gidron,Kramer,& Salamon,1992;Najam,2000;Young,2000)。

(一)西方社会中政府和非营利组织的合作伙伴关系

在英美等发达国家,社会服务组织与政府组织的关系可从四个方面进行论述。

其一，社会服务组织存在作为社会主体的独立性要求。社会服务组织是非营利组织的一部分，西方非营利组织的发展代表着独立的市民社会的存在，市民社会与国家的分界对于西方维护自由的概念来说至关重要（泰勒，2005），突出市民社会与国家的相对自主性（希尔斯，2005）。独立和对立的立场体现在非营利组织和政府之间的关系中则是一种"二元论"（Dualism）的关系模式，二者处在张力和冲突之中（虞维华，2005），非营利组织往往被建构为依附于或反对国家的立场（DiMaggio & Anheier，1990）。

西方非营利组织的发展建基在西方强大的市民社会土壤之上，使得"国家的正式界限之外，保留一片组织化的私人行动空间"（莱斯特·M. 萨拉蒙，2008：11~12）。在西方的市民社会理论中，国家是一套密切关联的政府机构，市民社会则是大量的自愿的公民团体，享有不同程度的免受国家控制的自主权（福克斯，2008）。

市民社会理论作为西方的舶来品，它的发展离不开西方资本主义发展的语境。从市民社会早期的理论来看，黑格尔与洛克的思想起了很大的作用，并成为市民社会理论讨论的素材。黑格尔认为"市民社会"处于家庭与国家之间的地带，不只与野蛮或不安全的自然状态相对应，而且与自然社会（家庭）和政治社会（国家）相对应。他认为"国家高于市民社会"，市民社会虽独立，却不自足，需通过国家来解决这种不自足（邓正来，1998）。而洛克则认为社会外在于国家，政府只是社会的一种信托（泰勒，2005），他认为权利和特权具有市民社会基础的本体论地位（塞利格曼，2005），从个人有权利摆脱国家的控制，甚至有权利干涉国家的发展这种公民权的视野来行事（马歇尔，2007），这也伴随着西方公民权利争取的过程。

西方国家－市民社会的权利、义务关系不断地向前发展,公民权利、政治权利、社会权利等因素通过法律确立下来,而司法的独立性使这些权利和义务得以贯彻、落实。

市民社会与国家的分界对于西方维护自由的概念来说至关重要,突出社会与国家的相对自主性（泰勒,2005；希尔斯,2005）,社会必须具有相对于国家的自由行动的权利。市民社会理论强调与国家的矛盾,而葛兰西认为市民社会是国家的延伸,并成为国家的坚强壁垒（葛兰西,2000）。市民社会经历了资本主义长久以来的发展才得以成形,但哈贝马斯并不认可市民社会是国家的延伸,而认为国家与社会的分离是公共领域得以出现并发挥作用的根本要素:"对于我们的讨论来说,国家和社会的分离是一条基本路线,它同样也使公共领域和私人领域区别了开来。"（哈贝马斯,1999:35）公共领域的逐步消失是国家－社会关系的矛盾表现,在国家社会化抑或社会国家化的进程中,国家对社会的干预使私人利益冲突日益集中在政治层面,而无法独立面对市场的、由私人组成的利益集团不断进行的集体政治诉求（郁建兴、周俊,2002）。西方国家在20世纪70年代之后又经历了两次国家－社会关系的调整,这反映在撒切尔和里根的新自由主义执政思路以及克林顿上台之后社会民主主义的重新回归上。这表明国家－社会关系在不断地调整,在寻找适合当时宏观背景的一种方式,而这种方式也是在不断变化的。

这些讨论的基础是西方非营利组织发展的治理情境,强调非营利组织的独立和自主。在公共服务领域,西方世界的政治话语强调"公共部门与私人部门之间、私人机构与国家机构之间根深蒂固的冲突"（莱斯特·M.萨拉蒙,2008）,这种冲突的中心也会随着社会组织的发展由政府与私人营利部门之间的关系推及政府与社会组织之间的关系。

其二,作为伙伴关系的资源获取与相互依赖。Young(2000)认为不同国家政府和社会服务组织关系不同,他对以往的理论进行概括,总结出三种理论视角:①作为政府的补充(supplements)独立运作;②作为补足(complements)与政府形成伙伴关系;③卷入与政府之间的相互责任(mutual accountability)的一种对立关系(adversarial relationship)中。不同的关系类型导致不同的组织策略及行动结果,Najam 使用目标、策略或手段两个维度对政府和非营利组织之间的互动进行交互分析,形成四种模式:相似手段和相似目标、相似手段和不同目标、不同手段和相似目标、不同手段和不同目标;而相对应导致四种结果:合作(cooperation)、冲突(confrontation)、互补(complementarity)、笼络吸纳(cooptation)(Najam,2000)。不同的模式基于政府和非营利组织之间的相互权力关系,如在服务资金筹集和服务实际提供中到底是哪一方控制了支配权,或者是相互之间的合作(Gidron, Kramer, & Salamon, 1992)。区分伙伴关系的重要维度是社会服务组织和基金的关系类型,Hardina 等(2007)概括出资源交换的协商关系、联合的伙伴关系、选举、权威获取资源和代表边缘群体抗议五种,并认为联合的伙伴关系是较好的方式,但取决于资源的分配、目标的实现方式等。在英美等西方资本主义国家,面对的情境从原本国家与市民社会的相互独立向现阶段的跨部门合作的伙伴关系转变,不同部门之间的边界也从原先的独立、清晰转变为现在的消弭。

前两种分析进路往往可归入"二元论"和"整体论"中。Kramer 等认为二者之间的关系总体来说是从冲突转向合作(虞维华,2005)。20 世纪 70 年代之后,随着全球化特别是新管理主义和新自由主义的盛行，以英、美两国为代表的福利国家开始采取削减福利政策，而许多社会问题跨越了国家职能部门和社会组织服务领域的界限，需要通过部门间的合作才能提高问题解决和公共资源利用的效率。到了1975年，美国政府已经取代私人捐赠成为非营利组织最大的捐资方（DiMaggio & Anheier，1990）。在这种情境下，原先针锋相对的国家－社会关系不再适用，新的"公共治理"理论开始出现，它是既强调事前的利益表达、事中的协力治理，又包括事后的风险控制的全程机制（周晓丽、党秀云，2013）。但这种全程机制的开展往往需要政府部门与社会组织通力合作，从而需要消弭原先分隔且对立的国家－社会边界，强调在服务传递过程中的跨部门合作。通过模糊边界，政府企图降低日常交易成本，促进市场内组织的相互依赖（凯特尔，2009）。政府作为买方提供经费，NGO（非政府组织）提供服务，另外也强调NGO作为"政策企业家"，影响政策的制定和实施（Najam，2000），但组织也要保证自身不被合作伙伴俘虏（凯特尔，2009）。现阶段，公共、非营利和营利企业之间的界限（lines）已经不清晰，"公共性"（publicness）被视为一个连续变量，而非类别变量（DiMaggio & Anheier，1990）。

在对伙伴关系的分析中，萨拉蒙是代表人物之一。很多学者认为政府的支持应该是被避免的危险，但萨拉蒙认为这恰恰反映了政府与非营利部门之间伙伴关系的建立，国家政府和很多其他部门之间形成了联盟网络（莱斯特·M.萨拉蒙，2008）。非营利部门与政府之间往往存在较多的共同目标，进而可能达成Najam所论述的合作，并且这种合作往往可能达成一种相互依赖的关系。在里根政府自由主义的改革背景下，这种伙伴关系被破坏，而非营利部门越发商业化，萨拉蒙对这种破坏表示担忧，并期待伙伴关系重新运作（莱斯特·M.萨拉蒙，2008）。对第三方治理和伙伴关系的分析基于对以往的政府和非营利组织关系的独立性的评述以及对现阶段非营利部门/志愿部门独立性逐步丧失、政府在公共服务领域中占据主导和支配地位的讨论（Nisbet，1953），重构了这些分析和讨论的悲观色彩，转而认为这成为公共服务提供的有利方式和机制。伙伴关系填充了原先国家与社会相对独立的空间，而将边界问题重新带入公共议题，明确政府部门和社会组织等的权责。这种伙伴关系发挥作用的基础是在政府和非营利组织权责明晰的情况下谈合作，在责任厘清的前提下谈责任共享，力图达成资源整合，提高公共服务的效率。

其三，作为专业化区分的专业关系。边界定义了系统和决定了不同系统之间的关系，边界为专业角色或工作位置所决定，自主权越少，组织越难以管理自身的边界（Schneider，1987）。技术环境是专业服务组织存在的基础，如律师、医生、社会工作者等在公共服务中都守着各自的专业边界。从专业功能的角度来看，社会工作的社会功能是跨系统转换（intersystem translation）（Abbott，1995）。不管从专业化还是社会工作从事的社会服务来说，边界都是核心的概念。

在社会工作领域，专业边界议题往往作为伦理研究的核心，旨在强调社会工作者的专业职责与其社会的、性别的、宗教的或商业性的关系之间存在的实在的或潜在的冲突，也就是对社会工作者与服务对象之间的关系问题所进行的探究，回应的是社会工作的专业性问题。具体到社会工作专业服务层面，"双重关系"或"多重关系"往往又是社会工作伦理研究涉及最多的，具体而言，主要包括五个类别：①亲密关系；②个人利益的追求；③专业社工对于自身情感需求的回应；④利他的手势（altruistic gestures）；⑤对于非预期情形的回应（Reamer, 2012：15-19）。这五个类别是分析社会工作者与案主之间边界的主要议题，旨在强调社会工作者的专业职责与其社会的、性别的、宗教的或商业性的关系之间可能存在或实际存在的冲突（Reamer, 2003），回应的是社会工作专业性问题，强调服务供给过程中社会工作者的专业性，包括资格限定与专业服务技术。但这种专业性是以西方"个人-社会"两极分化的社会结构为依托的，要么强调个人的价值、权利和责任，要么强调社会的责任和功能（例如，比斯台克和戈登价值说）（Gordon, 1965），所以在专业关系与私人关系之间比较容易确立清晰的边界。

而在服务供给过程中，社会工作者常常会陷入"双重关系"或"多重关系"困境之中，即社会工作者与案主产生了朋友、雇主、师生、商业伙伴甚至性伙伴的关系（沈黎、刘斌志，2006）。即便该专业边界较为脆弱，西方社会工作也发展出一系列管理边界的原则。

第一，在与服务对象的关系中，要警醒并承认与服务对象之间可能存在的实在或潜在的利益冲突。

第二，为了辨别相关的边界问题和提供可能的建设性观点，社会工作者应该询问服务对象和督导，以及搜索相关的文献（如规则、伦理守则、机构守则等），以处理好边界与伦理问题。

第三，设计一个处理边界问题的行动计划，并尽最大可能保护案主。

第四，收集并整理所有处理边界问题步骤的讨论、咨询、监督等文件。

第五，发展出一个监管行动计划执行的策略（Reamer,

2012：19－23）。

但以 Reamer 为代表的学者对于社会工作专业边界的关注是在以美国为主的西方社会背景下，社会组织具有独立的地位、专业化程度较高的情境之中，案主对于社会工作者的认识和理解依赖于高度的制度化环境，它对于社会工作者职业、权利、伦理守则等的解释长期植入西方社会之中，西方社会可以不必付出较多的努力与案主进行交流以取得信任（Reamer，2003）。

所有专业关系中都存在权力的不平衡和潜在的歧视与剥削，边界的提倡和建设则是为了保护服务对象避免该伤害（O'Leary, Tsui, & Ruch, 2013）。社会工作的专业边界借鉴了很多医学的边界的观点，以往的边界责任往往强调社会工作本身，强调边界是什么，但并不强调边界如何被生产出来。而现阶段要转变该视角，转向边界的联系而非分离，强调相互性（mutuality）（O'Leary, Tsui, & Ruch, 2013），也有强调社会工作专业精神与本土文化的冲突，而考虑专业边界模糊化处理的（Lavallée, 2010）。

其四，作为边缘群体代表的联合诉求。社会工作的重要价值观是服务和社会公正等，代表弱势群体发声，这要求社会工作者能够斡旋于不同社会主体之间，争取社会资源为案主服务。从功利主义路径分析，社会工作是一个间隙（interstitiality）的职业；从生态路径分析，社会工作是专业系统中一个复杂的防守区域（a complex defended turf）；从网络－建构路径分析，社会工作来源于一系列社会"边界群体"中（Abbott，1995）。当案主的问题来源于社会，而未能获得资源分配时，社会服务组织将代表边缘群体进行抗议（Hardina, Middleton, Montana, & Simpson, 2007）。

Henderson 等指出,社区工作从"工作者中心"转向"我们中心",突出社会服务组织的集体社会方面,将社区工作置于群体、组织、专业的边界之上,社会服务组织往往希望跨越边界,而达到推动社会改变的目的,但因为涉及与外在于社会工作的政治之间的关系、其他志愿主体的行为及对社会工作的重新界定等问题,社会服务组织(社区组织)与环境之间的边界难题(dilemmas)则显得尤其重要(Reisch & Wenocur,1986)。

可见,西方社会服务组织与政府的关系从原先的边界清晰转向跨部门合作,社会治理立足于国家-社会边界清晰的前提之下,强调公私部门之间通过跨部门合作的方式结成"伙伴关系",集中解决公共资源匮乏与复杂的社会问题,在该情境下伙伴关系能较好地发挥作用。

(二)中国社会情境下政府与社会组织关系变化

但是,中国面临着与西方不一样的情境。西方社会服务组织处于从边界清晰到边界模糊的过程中,而中国社会服务组织则寻求从边界模糊走向边界清晰。伙伴关系理论不适用于中国情境的社会组织发展,已有的中国社会组织研究也很难回应该议题。

首先,组织独立性和能力建设问题。中国国家与社会之间一直处于一种模糊关系中,在中国的历史发展中,国家与社会的关系一直维持着一种微妙的均衡状态,国家与社会的边界分立并不是绝对的,二者有着实质性的关联(杨念群,1998)。中国从未出现过全国性的市民社会(邓正来,1998),长期政社合一使得国家-社会关系模糊不清、边界混乱。在社会服务组织的发展中则体现为独立性的议题。1998年出台的《社会团体登记管理条例》关于业务主管单位和登记单位的限定、社会组织的分类控制实质上是政府和社会组织边界混合的体现，双重监管导致社会组织长期的发展孱弱以及政府和社会组织的责任不清、发展混乱等（王名、刘求实，2007）。在中国多重制度逻辑下，社会组织在强制机制、规范机制、认同机制的共同作用下，出现独立性和自主性的两个重要维度，进而出现社会组织的依附性自主（王诗宗、宋程成，2013）。社会组织的能力弱是学界指出的很重要的问题（王名等，2014；王思斌，2007a），要用一种发展性社会政策来发展社会组织（王思斌，2007b）。伙伴关系理论的前提假设——独立性和非营利部门自身的壮大——在中国情境中并不存在。

社会组织的发展是衡量社会发育程度的一个指标，社会组织是构成第三部门的主体（管兵，2013），伴随着社会的不断发展与政府改革的不断深化，"社会治理"在转型期社会发展困境的政策性文件中出现，治理意味着多重主体参与公共事务的过程（俞可平，1999），强调政府、市场企业、社会组织等各司其职，有着各自的角色和任务，同时也保持一定程度的模糊性和合作性。社会组织主要通过利用社会资源参与到公共事务管理过程之中。但不同治理主体难以平等参与到社会生活的不同领域，政府依然处于核心地位，社会组织在承接政府购买社会服务的过程中处在依附地位，规则也在发生变化。受到新自由主义和新管理主义影响的中国社会所强调的"社会建设"与"社会治理"被作为一种政治诉求登上社会舞台，其也强调公共服务供给和社会问题解决效率。

其次，资源获取与单向依赖。近年来，随着公共服务民营化趋势高昂挺进，中国社会组织在政府购买服务的制度框架下出现"爆炸性"增长趋势，总体上呈现为在曲折中不断增长、突飞猛进的过程（王名等，2014）。政府的资助是社会组织发展的重要原因。但在委托购买公共服务过程中，政府与社会组织之间的信息极不对称，政府不能观测到社会组织的行为，制度、价值和文化共享具有一定的滞后性，从而社会组织在界定自身定位与建构同政府关系时对规则的运作空间大。"国家控制社会"的国家－社会关系尚未改变，而是以一种"非政府"的方式在新的经济环境中对社会进行全面控制，即"分类控制"体系（康晓光、韩恒，2005）。萨拉蒙认为政府资助并没有削弱非营利部门的独立性，其中一个原因是美国的私人捐赠基础（莱斯特·M.萨拉蒙，2008），但中国现阶段社会资源不足，公有产权薄弱（王名、刘求实，2007），这导致了社会服务组织的单向依赖。在制度上，社会服务组织也基本未取得向社会募捐的资格。

最后，社会服务组织专业边界与中国文化。社会服务组织面临极大的"专业化的压力"，与其他组织区分开来，以获得捐赠者的认可（康保锐，2009）。但社会服务组织专业边界明晰的重要前提基础是独立的公民个体和契约，美国社会工作伦理守则中过度强调边界由美国社会文化特征决定。但中国文化强调人情、面子、"仁"、"义"、"礼"等（沈毅，2007；阎云翔，2006；翟学伟，2004），有着自身的规则。社会工作专业制度要求社会工作者及社工机构维持与案主、同事、其他机构等的边界，但中国情境下的专业社会工作常常需要打破这种界限以提供专业服务。

中国社会结构是以"家"为纽带进而形成的"个人－家庭－社会"的三级格局，中国庞大的"家"文化在联结个人与社会的过程中发挥了根基与支配的作用（笑思，2001），所以中国社会对于"关系"的界定往往不能像西方社会那样在"专业关系"和"私人关系"之间划分出相对明显的界限。相反，中国是一个重视亲情联结而缺乏界限感的社会，强调亲疏远近而非边界。因此，中国专业社会工作的开展常常需要借助于"私人关系"，它是基于传统的"人情、人伦和人缘"三位一体的人际关系模式（刘志红，2003），比如在强调情感介入时，西方社会工作伦理强调有限度的介入，而中国情境下的专业社会工作则主张高度情感介入，认为现阶段本土社会工作实践专业关系的特点是"高度情感卷入、有条件的接纳、案主自决的适当介入和时间上的延展性"（李同，2011）。

因此，中国社会服务组织面临二重的"去边界化"情境：国家－社会关系（制度环境、社会治理制度）及服务对象所处的文化（技术环境、专业边界）。由于社会情境不同，以萨拉蒙为代表的第三方治理和伙伴关系理论不适用于中国政府购买公共服务和社会组织的发展。但通过社会服务购买、政府资金注入，原本模糊的政社关系产生了间隙，从而促使边界产生、变化。而边界的议题尚未被学界充分重视。中国社会工作学界的主流观点是"嵌入式发展"（葛道顺，2012；王思斌，2011），包括"政治嵌入"和"体制嵌入"（熊跃根，2006）等，强调社会工作机构融入本土情境，但这种发展很容易忽略社会服务组织本身的独立性、能力建设及服务的价值要求。另一种声音强调街区的吸纳，表现为社会组织被吸纳到国家行政框架体系内，出现"外部服务行政化、内部治理官僚化和专业建制化"的尴尬局面（朱健刚、陈安娜，2013），反映了社会组织作为非营利组织本质要求的偏离。当强调社会工作发展，而不谈及社会工作的价值本质时，很容易陷入社会服务组织作为工具的一面，忽视其赖以生存的价值理性（DiMaggio & Anheier，1990）；但过度强调街区吸纳和控制的一面，又将社会服务组织置于对立面，忽视了其能动性及发展的可能性。

第二节 社会工作专业化与社会服务供给

专业制度体现了从宏观的社会政策到微观的社区工作技巧的要求，该视角从价值和专业性的角度强调专业发展及能动性。社会工作是有组织的机构或团体为解决个人所遭遇的困难而实施的一种援助，是为协助个人调整其社会关系而实施的各种服务，是一种制度设置（Witmer，1942）。社会工作发展出一系列的专业知识、原则和理论等，向不同群体提供服务，也回应不同阶段国家对社会工作的压力（Ron，2005），这是社会服务的重要前提。

一 作为一种社会福利体系重要组成部分的社会工作[①]

在英美等发达国家，社会工作的发展一直伴随着社会问题的不断涌现，随着社会财富的增长、社会需求的增加而发展，其被作为一种回应社会需求的专业，经历了自下而上的发展历程，但从20世纪60年代开始，社会工作进入西方资本主义国家的制度安排之中，尤其是70年代之后新管理主义的发展加速了社会工作的专业化（Ron，2005）和技术化（Lena Dominelli，2008：115），80年代英国社会工作转向社会照顾，强调对个体的服务等，都是作为国家社会福利制度的安排进行的（Ron，2005）。

在宏观层面，社会工作属于社会服务体系的一部分。受新管理主义的影响，国家制度安排强调政府自上而下的管理和服务，强调管理（management）、市场（markets）与绩效测量

---

① 可参阅徐盈艳（2019）。

(measurement) 的原则 (Ferlie & Steane, 2002)。合同制政府的框架下，公共服务应是跨部门合作的结果，政府扮演促进者和伙伴的角色。为了获取更多的发展资源，社会组织趋向商业化、企业化 (Anheier, 2009)。新管理主义主导下的制度设计深刻影响了社会工作的专业性，如香港地区服务监察系统、整笔拨款制度及合约竞标机制都对社会工作的专业实践产生了重要的影响 (Common, 2001)，社会工作开始走向技术化与临床化。

在中观层面，社会工作专业的服务落脚点主要在社区，面对社区治理的各种制度安排。社区治理制度是不同社区主体互动的制度化体系，连接了宏观层面的社会结构和微观结构。社会工作嵌入社区治理制度中。社区组织的发展与社会工作专业密切相关，前者是后者的直接推动者 (Reisch & Wenocur, 1986)，社区工作直接面对社区治理制度，需要对其中不同的主体之间形成的关系结构有较清晰的掌握 (戴维·A. 哈德凯瑟、帕翠霞·R. 鲍沃斯、斯坦利·温内科, 2008)。在社区情境中，社会工作需要面对性别、种族等各种权力关系；而反过来，通过社区的形塑，这一制度结构又被改变了 (Cohen & Phillips, 1997; Jackson, 1957; Naparstek & Dooley, 1997; Weil, 1996)。

所以，社会工作作为社会福利体系传输的重要组成部分，是一种国家制度安排，具有控制和服务的双重功能，作为一种社区服务与社区关怀，在实践层面又需要面对复杂的街区权力体系，社会工作的发展伴随着各种困境，如何平衡对服务使用者的服务获益和国家控制、规制之间的关系问题一直存在 (Walton, 2005)，需要从社会工作专业制度角度去探讨。

二 社会工作的专业属性与社会建构

社会工作专业构建与社区组织发展需要置于政治经济学视角中去分析,这是社会工作实践者与政治经济结构互动的结果(Reisch & Wenocur,1986)。社会工作专业化的判断主要从专业化的外部特征(专业地位和专业权威)、内部特征(专业知识和技术模式)和背后的现代主义知识实践逻辑(学科规训模式)等方面进行(郭伟和,2014)。但从社会工作的发展历史和专业化进程来看,对于社会工作的界定是困难的,它会随着时间的变化、其所面对的社会问题的多样性和复杂性而变化(Payne,2006),并且不断地演变(顾东辉、王承思、高建秀,2009)。社会工作作为一个综合的助人专业,一定要从其关注的议题、使命、实务方法和社会工作者的特性等几个角度去做一个综合的界定,其经历了传统的治疗性、维护社会秩序以及社会改良等几个阶段(Payne,2006)。社会工作是一个实践性的专业,是一种社会建构(Payne,2015),是在社会背景的脉络和现实的互动中才发生的建构(马尔科姆·派恩,2008),与其所处的场域有着密切的关系,强调外在的力量对社会工作实践所起的作用(Gibelman,1999)。社会工作不仅仅关注理论的有效性,同时也关注实践的有效性(Parton & O'Byrne,2013)。社会工作通过"自然"的属性在大众中开展工作,具有一定的模糊性和不确定性,而在调节和联结个人与社会的关系的过程中发挥纽带的作用(Parton & O'Byrne,2013),是社会工作者与案主之间的一种关系(Munro,1998),是社会工作者与案主之间的互动角色的灵活展示(Payne,2006)。由此可见,社会工作专业与实践脱离不了宏观背景的约束,同时体现的是一种在宏观背景下社会工作者与案主之间的关系,是一个实践的专业（Payne，2006），是社会工作者通过干预、关系的互动、介入过程以及知识和技巧的运用对自我的展示。由此可见，社会工作的根本属性在于在制度约束中如何能动地回应人类的需求，通过社会工作者与服务对象之间关系的建立来将社会福利服务精确地提供给最有需要的人群。

社会工作的专业化（professionalization）构成了社会服务组织应对治理情境的另一极。不仅社会工作专业自身强调专业性，政府对社会工作或者社会服务组织的支持，也建基于社会工作专业化的基础之上。专业的产生和发展并不总是朝着一个方向的，某个专业的发展也并不全然依赖于另外一个专业。以往关于专业化的文献对社会工作专业的形成和发展提供了定位。在专业中，有两类核心的属性：其一，由抽象知识构成的基本框架（body），这些知识要能被运用，并能解决具体的生存问题，而且社会大众认为该专业能够解决问题，愿意将解决问题的权力交给该专业；其二，服务的志向，该专业能够提供一系列的服务，并且与其他专业区分开来，这些服务必须能回应案主的需求（Goode，1969）。基于这些核心的质素，专业获得了回应案主需求的自主性（autonomy），能够自主判断问题症结的存在以及提供合适的服务，如医生能够针对病人的症状开处方（Goode，1969），这是专业事务的管辖权。针对这两个核心属性，社会工作专业往往被视为半专业（semi-profession）（Toren，1972，1969）。对于社会工作专业的论述主要从职业的知识技巧、自主性等方面入手。社会工作知识处在形成、上升和整合过程中，处于专业主义系统的中间位置，相对于其他职业来说较低（Toren，1969）。社会工作者对雇主和案主有双重的责任，但其服务难以回应双重的需求，同时在组织（尤其是科层组织）的压力下也相应地缺少自主性（Toren，1969）。

另外，社会工作者经常与其所处的科层结构产生极大的冲突（Scott，1969），难以形成自身专业的管辖权，其所依赖的抽象知识也很难形成较大的排他性权利。

三 我国的社会工作专业制度

社会工作专业是西方的舶来品。国内学者对社会工作制度也展开了研究，强调从宏观的社会政策到微观的技巧诸多层次的设置。从宏观层面来看，社会福利与社会政策是保障社会工作发展的重要环境设置，国家、市场（经济）、社会（家庭）的互动形成了福利三角（彭华民，2006），中国的福利制度是一种适度普惠型的社会福利制度（王思斌，2009），其目标在于公正及消灭社会排斥（唐钧，2002）。从社会工作专业自身发展来看，人才队伍建设、配置能力、专业技巧（柳拯，2012）等都需要重点考虑，具体内涵包括社会工作者教育和培训制度、评价和认证制度、社会工作者使用和激励制度等（葛道顺，2012），这些制度强调专业化、职业化的进程，反映了基层社会发展与民众的服务需求。从技巧层面来看，社会工作者专业能力的要求成为行业的特征，也成为社工机构生存的重要基础。

我国社会工作起步较晚，至今保持着行政性和半专业化的运行模式（文军、何威，2016）。但在英美等国家社会工作专业化的特质被推向极致的现阶段，盲目的专业化即一种"专业理想主义"，甚至陷入"专业化陷阱"（卫小将，2015）。我国社会工作在发展过程中，也出现了"专业化"和"去专业化"两种话语（雷杰，2014），而在实务中更倾向于实用专业主义（雷杰、黄婉怡，2017）。社会工作发展是社会服务组织不断与政府部门、其他社会主体相互区分、逐步形成边界的过程（黄晓星、杨杰，2015)，但其对于专业事务的管辖权并未完全形成，专业社会工作嵌入社会服务领域之中（王思斌，2011)。政府对社会管理和社会服务实现了"包揽包办"，专业社会工作被边缘化，游离于政府工作之外，生存空间狭小（王思斌，2014)。朱健刚和陈安娜（2013）对一个政府购买个案进行分析，认为复杂的街区权力关系限制了专业社会工作深度嵌入社区治理，使得表面光鲜的社会工作在街区权力体系中逐渐式微。在政府购买社会组织服务过程中，社会组织需要面对不同管理层面的要求，进而导致社会工作"选择性服务"的产生（文军、何威，2016)。

同时，社会工作的发展带有典型的阶段化特征，反映了从行政社会工作向专业社会工作的转变。在转型时期的社会背景下，行政体制的社会工作已经无法适应转型时期的社会需要。社会工作的发展是在政府部门推动下形成的，社会工作者需要在政府、工作单位、准政府部门及其委托机构推动下帮助人们解决各种生活和工作中的问题，并管理社会生活的活动（陆素菊，2005)。转型时期的社会工作表现为行政社会工作和专业社会工作并存、行政社会工作向专业领域过渡、区域发展不平衡和民间组织发育不良等特征（熊跃根，2006)。杨薇（2014）通过对一线社会工作者的质性研究，认为国家既直接影响社会工作专业自主性，也通过职业、组织以及服务使用者来间接影响社会工作专业自主性。

四 社会工作者的自由裁量权与选择性服务

西方社会工作的发展经历了"由下至上"的过程，在与政府的关系中也经历了曲折发展的过程。街头官僚理论产生的背景和我国现阶段社会工作的发展有一定的相似性。

Street-level Bureaucracy 在大陆被译为"街头官僚""街道层官僚""基层行政人员",台湾学者将其翻译为"底层官僚"(Lipsky,2010)。该词最早是在 1977 年由美国学者 Lipsky 在《建立一个街头官僚理论》中提出。1980 年 Lipsky 正式出版 *Street-level Bureaucracy：Dilemmas of the Individual in Public Services* 一书,对街头官僚理论做出系统阐述。Lipsky 对街头官僚的定义是：在工作当中与民众直接互动的公共服务人员,或者在执行公务方面有实质裁量权的公职人员,而街头官僚机构则是指在公共服务机构中街头官僚的比重相当大的社会服务机构,典型的街头官僚机构包括教师、警察及其他执法人员、社会工作者、法官、公职律师及其他司法官员、保健官员及其他执行公共服务的政府工作人员(Lipsky,1980)。

街头官僚理论讨论的两个核心问题是自由裁量权和官僚执行理论(韩志明,2008)。街头官僚理论主要讨论的一个核心问题就是由于街头官僚拥有较高的自由裁量权以及来自组织权威的相对自主权,所以他们拥有一定的自主选择权。Lipsky(1980)对于街头官僚的自由裁量权有以下认识。第一,街头官僚所拥有的自由裁量权以及其所身处的工作环境的特殊性会影响其看待问题的方式。街头官僚缺乏足够的资源,他们每天必须完成比他们实际能够完成量大得多的工作任务,在日常工作任务之外他们还必须完成大量的内部行政工作。而且需求的不断增加也是其资源不足的一个重要原因,当公共服务不断扩大时其服务对象范围也会随之不断扩大。最重要的一点就是公共服务的需求是没有办法进行预测的,往往会有一些突发状况需要处理。第二,街头官僚的目标期望通常是含混不清的,甚至有些是相互抵触的。在公共服务中,服务目标是在服务过程中不断增加的,而且社会服务技巧的不确定性也会导致工作目标的模糊。服务目标过度理想化，也会进一步阻碍目标的达成，而且街头官僚的工作表现难以用量化的标准进行衡量，这都使得服务目标进一步模糊甚至相互冲突。第三，街头官僚与服务对象之间的关系是一种非自愿的关系。这种非自愿主要是指服务对象没有能力从其他途径获得这种资源。非自愿性使得服务对象从街头官僚处获得相应的资源，二者处于一种不平等的关系之中。第四，工作过程中的维护与疏远，主要是指街头官僚的角色定位在于去协助服务对象，但是他们同时也必须为了街头官僚组织的目标而去评判并且控制当事人。当工作人员的官僚化越来越严重的时候，其对工作的疏离感也会越来越强烈（Lipsky，1980：27-79）。

街头官僚在面对资源不足、缺乏控制力量、目标不明确以及无法控制的工作困境时，也会运用自己的行动策略，如限制需求、尽可能充分利用可得的资源、让服务对象服从等方式；修正自己对于工作的概念，以降低或者限制工作上的目标，如此他们就可以在缩减的资源与工作目标的达成上寻求平衡；重新评估自己的服务对象，以接受成果与目标之间的差距（Lipsky，1980：81-87）。他们会通过使用和需求的限制以及利用行政管理之中的不均等限量分配街头官僚所提供的服务，通过控制当事人以及工作情景的方式使服务朝向街头官僚所希望的方向发展（Lipsky，1980：87-151）。

但是 Lipsky 没有对街头官僚做进一步的区分。他所讨论的街头官僚的工作环境和行动惯例都是对街头官僚所包含的所有职业范围内的讨论。也正是由于这个原因，街头官僚的内在差异性在一定程度上被忽略了，这也导致国内学者在对街头官僚的讨论中对于街头官僚理论产生一定的误解（曹长义，2014）。因此，有学者对街头官僚的类型做出一定的划分：根据政策执行的角色和功能将街头官僚分为管理官僚和街头官僚（韩志明，2011）；根据工作界面的空间性质进行划分，首先将行动空间划分为街头空间和社区空间，然后将街头官僚划分为墨守法规者、巡逻的更夫和上门服务者（韩志明，2010）；根据街头官僚的行为取向和目标取向的交叉分析，将街头官僚划分为政治过程型街头官僚、政治结果型街头官僚、行政过程型街头官僚以及行政结果型街头官僚（曹长义，2014）。对于街头官僚类型的划分，能够让我们进一步区分国内学者对于街头官僚的论述多是在基层政府工作人员中的讨论，是基于对街头官僚作为决策参与者和政策执行者的讨论，而很少关注到其公共服务提供者的角色。而本书论述中的街头官僚理论的运用则是在公共服务提供者的角色中进行探讨。

有关官僚主义对社会工作的影响的讨论在很早之前就已经存在。Finch（1976）指出官僚控制入侵专业自主权的现状，并表示除非进一步认识和移除组织对于服务交付的阻碍，否则专业自主性将进一步被官僚主义所广泛控制。街头官僚主义的出现也促进了社会工作对于自身工作的研究与分析。在分析社会工作作为街头官僚的论述中，现阶段对于社会工作专业情境的讨论多集中于街头官僚主义的自由裁量权，这也是街头官僚理论的核心所在。街头官僚理论与社会工作的相关讨论可以分为三个时期来进行论述。

在街头官僚理论创立初期，即20世纪70年代到80年代，这个时期的社会工作者拥有广泛的自由裁量权。Lipsky认为街头官僚的自由裁量权是与生俱来和不可避免的，自由裁量权是街头官僚进行工作的一个重要特征。虽然有学者对无根据的自由裁量权进行批判，但还是认同街头官僚拥有广泛的自由裁量权的观点（Goodsell，1981）。此时英国社会工作的服务过程则在一定程度上印证了 Lipsky 的观点，而广泛的自由裁量权也促进了英国社会工作专业主义的发展。这个时期自由裁量权的运用是以"消极"运用为主。街头官僚出于减轻工作压力和维护自身安全等考虑，将注意力集中在那些可以程序化处理和更容易获得成功的案例和委托人身上，而忽略那些可能与组织既定的类别不符，但是需要特殊关注的案例和委托人（方鹏飞，2015）。而消极运用主要是由工作环境决定的，在资源不足和无限制的需求压力之下，消极运用是一种自我防御机制。这个时期自由裁量权的影响因素主要是其所拥有的"专家身份"、组织规则的模糊性以及相互冲突，这弱化了对于街头官僚的监督作用。Lipsky（1980）认为，街头官僚所处的环境不确定，组织目标通常模糊不清甚至相互冲突，服务对象的需求也不断变化、不可预测，因此，一定程度的自主性和自由裁量权对于街头官僚来说是必要的，同时街头官僚可利用的资源是稀缺的，面对这种压力，街头官僚要完成任务就必须利用手中的自由裁量权。

伴随着管理主义在社会工作领域的兴起与盛行，20 世纪 90 年代很多学者开始质疑管理主义之下的社会工作是否拥有自由裁量权。撒切尔夫人改革之后的社会工作环境已经发生了巨大的变化，管理主义开始在社会工作乃至整个国家福利体系中扮演重要角色。正如 Harris（1998）指出的，伴随新管理主义的到来，一种在操作层面对社会工作者的工作界面进行操控的控制型文化逐步确立，在这种新管理主义下的社会工作中，谨慎把关以及对有限资源的供给成为社会工作者的主要活动。Howe（1991）则对街头官僚理论在社会工作领域的适用性表示怀疑，社会工作权威已经由广泛的自由裁量权转变为依照法规执行的政策实践。但是也有学者表示社会工作机构的自由裁量权仍然存在。Ellis 等在对英国社区照顾改革的研究中指出，虽然社会工作的专业判断被资格审查所替代，但是社会工作者仍然能够利用定量供给的合法方式保护自己的时间和资源（Ellis, Davis, & Rummery, 2002）。学者们认为一定的自由裁量权对于政策执行存在积极和消极两个方面的影响。在这个时期，学者们更多的是关注其积极的一面。Ellis 等指出自由裁量权的运用对于定量供给发挥着保护性的功能（Ellis, Davis, & Rummery, 2002）。这个时期的自由裁量权不同于垂直关系的影响，而是多因素综合影响的结果，如上级领导的态度、同事的观点等都可能影响街头官僚的自由裁量权。制度上的资源和激励因素在一个复杂的政治和组织环境下相互作用，在这样的制度背景下社会工作者并不按照他们的意愿或者被告知的方式进行行动，而是做自己能够做的事情（Brodkin, 1997）。在影响自由裁量权的三大因素中，机构控制扮演着最重要的角色，其次是委托人控制，最后是个人作用（Scott, 1997）。在管理主义的背景下，街头官僚丧失了规则之外的自由裁量权，但是有限的资源以及广泛的需求的困境仍然存在，在这样的背景之下，社会工作者倾向于在规定的范围之内定量供给相应资源，使得社会工作突出"计划性"的特征，减少了对于公众需求的回应。

Scott（1997）认为街头官僚所扮演的中间人角色可能会分离政治家与人们之间的联系，因此会损害公共责任和民主。Keiser 和 Soss（1998）认为，由于街头官僚的决策会受到执政党的影响，所以政府行政机构的外部政治环境会影响街头官僚的自由裁量权。同时，Keiser（1999）还认为，由于预算的不足和资源的缺乏，街头官僚们不得不利用有限的资源来满足服务对象的需求。在这样的状况下，某些服务对象会遭受街头官僚的不公正对待，其需求可能会被忽视。Lymbery（1998）认为社会服务改革对街头官僚产生了消极影响，使得管理者拥有更多的街头官僚资源，能够对街头官僚的行为、财力和资源分配能力进行控制。Harris（1998）也表示，管理模式不仅通过现代信息技术削弱了街头官僚的自由裁量权，而且通过严密的监控体系对街头官僚进行严格有效控制。

2000年以后，随着欧美各国福利改革的推进，街头官僚理论的研究开始在世界范围内传播，这个时期的自由裁量权更多的是一种规则之内的"广泛"的自由裁量权。Evans和Harris（2004）也认为自由裁量权对于街头官僚来说是非常重要的，它可以帮助街头官僚解决不确定性的工作任务，而且街头官僚在承担责任方面，仍会讨价还价。但是在目前街头官僚资源不足的情况下，可以利用自由裁量权限量分配，这种自由裁量权更多地在规则范围内对现有规则进行解释。这个时期自由裁量权的运用仍然以消极运用为主，但是积极运用不断增多。Ellis（2007）通过对目前紧缩财政政策下的现金交付代替直接服务的分析，通过对一个管理委员会评估过程的研究，运用街头官僚理论去理解社会工作者的分配方案，发现尽管在管理主义盛行的今天，街头官僚理论特别是自由裁量权在专业实践中仍然有重要的作用。Halliday等（2009）通过司法社会工作的量刑过程，讨论了街头官僚、职业间关系以及应对机制之间的关系，探讨跨专业的社会工作者作为街头官僚的重要性，结果表明，报告的书写能够在某种程度上寻求法官的尊重，同时，他们引用布迪厄的文化资本的概念，认为工作在基层的街头官僚会发现他们在自己领域的文化和象征意义的"资本"的地位被低估，并被放置于一个弱势的地位。Evans（2011）认为Lipsky关于街头官僚理论的自由裁量权在管理控制中的作用的论述虽然一致，但是缺乏对专业性的关注。街头官僚理论产生于管理主义比较温和的年代，而在管理主义盛行的今天，自由裁量权虽然是政策执行的重要考量，但是街头官僚的自由裁量权在一定程度上被削弱，专业主义在社会服务组织中占有一定的地位，考虑到专业主义和管理主义交叉盛行，关注专业主义对社会工作服务的影响，能够在现阶段更好地理解服务，而不是把管理者作为一个平衡点（Evans，2011）。在新公共管理理论架构背景下，社会服务开始盛行以绩效为导向的合同外包的新型策略，强调对于街头官僚的间接控制和激励。Durose（2007）的研究表明当代公共部门中的街头官僚能够充满活力和创造性地解决两大传统问题，即管理和治理下的工作困境。

自由裁量权是街头官僚理论的核心概念，由于街头官僚拥有较高的自由裁量权以及来自组织权威的相对自主权，所以他们能够拥有一定的自主选择权，进一步影响政策或者服务的实施。西方国家对于作为街头官僚的社会工作者所拥有的自由裁量权的讨论也在契合时代背景的条件下有不同的理解。从街头官僚理论发展的三个时期中，可以看到在不同的时代背景下，街头官僚所面对的社会背景会影响社会工作服务或者说是会影响自由裁量权。不同于西方社会工作的发展，我国的社会工作发展是在借鉴西方国家社会工作的发展经验中发展而来，作为"舶来品"的社会工作与中国特定的历史背景相互碰撞，产生了社会工作"本土化"的问题。在"本土化"的过程中，中国社会工作更多的是回应社会工作专业性的问题，而忽视了对于发展所面对的环境以及环境背景下社会工作所能拥有的权限的回应。

从社会工作的专业化来看，我国社会工作的发展在政府的推动与购买服务下有诸多限制，影响了社会服务的专业化发展。社会服务组织的半专业化也导致它们很难积极有效地回应各种问题。在过渡治理情境和半专业化的共同影响下,社会服务组织有选择地提供服务,这涉及社会服务组织在规则的范围内对有限资源的分配以及对现有规则解释的权利。在以往的社会工作文献中,自由裁量权是讨论社会工作者专业自主性和选择性服务的研究切入点。Finch(1976)指出,官僚主义控制入侵了社会工作专业自主权,除非进一步消除购买服务过程中的阻碍,否则社会工作专业自主性将进一步被官僚主义广泛控制。自由裁量权可以帮助他们解决一些不确定性的工作(Goodsell,1981),同时也能够使街头官僚不用承担一些不必要的责任(Evans & Harris,2004)。

本书所论述的社会服务组织的自由裁量权和选择性的社会服务供给是在政府购买社会服务的背景下,在政府所赋予的服务权利的前提下决定社会服务的开展以及服务对象的选择。社会服务组织和社会工作者的自由裁量权受到政府部门和自身专业性的影响。在自由裁量权的运用形式上,存在积极运用与消极运用两种方式。在对社会工作者的分析过程中,越来越多的研究者开始突破传统的街头官僚重点关注组织内部决策过程的研究,而是将街头官僚自由裁量权的运用放置于一个立体的关系网络之中。如 Nielsen(2006)对传统的街头官僚研究的解释模型提出怀疑,认为在街头官僚与委托人(购买方)的多种关系之下应该有多种可能,街头官僚的利益与委托人的利益的一致或者背离都会在外部环境的影响下导致街头官僚出现积极、消极、被迫、不受约束等行为模式。Evans(2011)则认为李普斯基缺乏对于专业性的关注。街头官僚理论特别是自由裁量权在专业实践中仍然有重要的作用(Ellis,2007)。消极运用主要表现为街头官僚出于减轻自身的工作压力和维护自身的安全等的考虑，会将自己的关注点更多地放在一些可以按部就班处理以及能够成功处理或者获得更多关注的服务上，而忽视那些可能不符合某些服务的要求，但是有特殊需求的服务对象。自由裁量权的消极运用主要是在资源不足的情况下的一种求得自身生存的应变之道，在街头官僚理论初创时期，学者对其的研究主要集中于基于自由裁量权发展而来的管理模式（Lipsky，1980）。受到管理主义的影响，社会工作者成为有限资源的供给者，他们不得不利用有限的资源来求得自身的生存和发展而更多发挥着消极作用（Harris，1998；Scott，1997）。正如 Brodkin（2008）指出的，这种新型策略可能会产生执行官僚富有责任的美好幻想，但是忽视了量化指标并不能显示其具体实践的全部内容，甚至有可能会产生破坏作用——编造数字。在管理主义影响之下，社会工作者的自由裁量权受到限制，但自由裁量权仍然发挥着重要的作用，如不确定性工作的解决以及不必要责任的避免（Evans & Harris，2004）。这种作用不仅能够求得自身生存，也能够在服务过程中发挥积极作用。积极运用则是指街头官僚在运用过程中，根据服务对象的具体情况以及特殊需求而做出相应的决策与服务，在与服务对象的互动和服务过程中超出了组织所规定的精力和要求。街头官僚能够利用自身的自由裁量权解决从管理向治理转型过程中的工作困境问题（Durose，2007）。

中国社会服务组织和社会工作者的自由裁量权与西方专业化背景下不同。西方社会工作发展的过程中，自由裁量权从无到有，从有到被限制，主要的文献探讨集中在积极的自由裁量权的运用如何增强社会工作专业自主性和专业程度上。文献对于新管理主义的批评在于其弱化了社会工作者的专业自主性和自由裁量权，而带来了服务的困境。但在中国语境下，社会工作从一开始发展就有新管理主义的影子，社会服务组织的服务受制于不同层级政府的影响。在政府的模糊发包制度的影响下，地方政府往往会选择规避风险的服务来进行政府购买，即"外包"，这就影响了社会服务提供的宏观制度环境。而在内部制度环境方面，社会工作自身的专业化程度也是影响服务提供的重要因素。

第三节　社区工作模式选择

一　社区工作模式与变迁

社区工作源于 19 世纪六七十年代资本主义问题频发时期的欧美国家，当时的政府希望通过向非营利组织购买服务的方式开展社区工作，将社会问题控制在社区之中。经过多年的发展，社区工作与个案工作、小组工作并列被称为社会工作三大工作方法，且社区工作已被承认为一种有效的社会工作方法。

社区工作模式反映了社会工作者以人为本、追求公平、尊重人权、助人自助的价值观（黎熙元，2007：244~245）。在社区工作模式研究中，首推美国学者 Rothman，他系统地提出了社区工作的三大模式：社会策划（social planning）、地区发展（locality development）及社会行动（social action）（Rothman, 1979）。这三大模式涵盖社区工作定义中不同的变量，包括社区工作的理念、分析的视角、具体的工作策略，甚至社区工作者不同角色的分析等，对社区工作的开展具有重要的参考价值。其他模式如 Battern 的二模式——直接干预法与非直接干预法、Taylor 与 Roberts 的五模式等（张佳安，2003）。在西方社区工作实践推行的过程中，比较典型的模式有地区发展、社会行动、社会策划、社区组织、社区教育、社区照顾六种。以上社区工作模式由于其问题及假设、目标的不同而被运用于不同地区之中，譬如社会行动、社会策划、社区照顾等在发达国家中被广泛采用，而地区发展主要被联合国用于发展中国家、地区。

西方社区工作的发展受政府购买服务的推动。英国政府在1989年颁布的《为病人服务》和《公共照顾》白皮书（卡佳，2005；魏静，2008），20世纪70年代美国采取政府与私营机构、非营利组织之间"购买服务合同"的方式推行社区工作（虞维华，2005）等都是政府购买社区工作服务的典型。政府购买社区工作服务大力推动了社区工作的发展，但亦带来了社区工作本身的问题。一方面，社区工作在政府推动下，成为政府提供给个体的较为重要的社会福利，提高了市民对政府的支持程度，吸纳反对者，扩大了政府支持者的势力，也获得了较多的对于政府其他方面政策的反馈，社区进一步成为政府的社会资源，缓和了社会矛盾，这使社区工作正式化、组织化，使从事社区工作的人员数量快速增长，这是社区工作繁荣的一个特征；另一方面，政府购买社区工作服务使原本较为自主的社区工作发展进入政府的计划之中，减弱了原先社区工作发展的弹性，社区工作在某种意义上成为政府的工具，出现政治化、工具化，这便偏离了社区工作本身的价值观。

由此可见，政府购买服务对社区工作发展发挥了关键的作用。借鉴西方及我国香港、澳门地区的社区工作经验，广州、上海、深圳等地的实践已经初具规模，发展出与国外不同的社区工作模式。政府购买服务使社区工作模式发生了变化，也逐步改变了社区的基本结构。其主要体现在：首先，政府购买社区服务意味着政府逐步从社区服务的直接提供者转化为间接提供者，政府作为购买者，主要起监督作用，而不直接参与，这就有利于政府逐步从基层社区中退出，缓解政府在基层的压力；其次，政府购买社区服务使政府不需要直接面对社区居民，这就在政府与居民之间建设了一道缓冲带，使社区矛盾不直接指向政府；最后，社区组织成为提供服务的主体，合法化的地位和资金的注入使其快速发展，从而改变了原先以居委会为主体的社区组织结构体系，逐步从单元化组织格局转变为多元组织格局。政府购买社区服务是政府从基层统治向基层治理转变的要求，充分发挥了民间组织的优势，能够较好地克服政府失灵、市场失灵，从而促进社区和谐发展。在社区工作模式方面，最为直接的转变是从自上而下的社区组织模式转化为自下而上、与政府平行的社区组织模式，社区照顾模式亦从以政府为主体转化为以民间组织为主体。

这种模式的转变在一定程度上体现了社区工作立足于社区的理念，其意图在于培育社区、解决社区问题、促进社区参与，而非原先社区建设模式所导致的将社区作为治理单元。中国近年来虽然积极向西方学习，打造"小政府、大社会"，努力推进政府购买社区服务，但由于经济、政治及文化体制的不同，出现了与西方不同的社区工作模式，如上海模式主要是上海市政府办社会组织购买社区服务，社会组织隶属于政府，消解了政府购买社区服务的优势；而深圳模式虽然在形式上政府与社会组织合作，但社区工作者还是摆脱不了烦琐的行政事务。这说明上海、深圳两地的政府购买社区服务并没有完全从原先的社区建设的视角中脱离开来，虽有一定成绩，但也遇到很多阻碍，如政府的干预、社会工作专业化发展不顺利等。

二 社区工作模式选择的考虑因素

社区工作认为人群和社区问题随着社会变迁而改变,社区工作模式也随之变化,不同的社区工作模式包括不同的目标、实践模式,并且建基于不断的回馈、评估和修订的机制上,社区工作模式的选取需要考虑社区工作的本质、地区的独特性、政治力量和政党机制的影响、行政管理和财政资源的机制、社区工作的意识形态和专业操守等方面(黎安国,1994)。下面分三个部分进行阐述。

(一)社区工作的本质与发展

社区工作价值观的基础是社会工作价值观与伦理操守,与个案工作和小组工作的价值观有些许不同。价值观是社会工作专业的核心,社会工作本身即一个具有较强价值导向的专业,而为价值观所定义。在社会工作专业化发展的过程中,社会工作使命的本质也在发生变化,争议的焦点在于是介入个人抑或社会运动,介入主张个人问题的缓解或主张社会改革(Frederic,2009:23)。从社区工作的价值观来讲,社会工作更强调对于社区或社会价值观的强调,主张社区共同体从社区的角度来满足个人的需求。

社区工作价值观涵盖了较广泛的范围,包括人的尊严和价值、正义和自由、制度取向、平等、民主、群众参与、互动合作与互相依赖、社会责任感等,社区工作的价值观形塑了社区工作的本质,是社区工作的灵魂(胡文龙、林香生,1994)。社会工作是基于人的工作,强调人的价值与尊严。社区工作价值观对社会工作价值观进行补充,认为人的价值和尊严需要在一种支持充分、有关怀和机会、重视个人发展和以人为中心的社会制度下才能够实现(胡文龙、林香生,1994)。社区工作强调人在情境中，生活在社区的范围内，通过社区来解决个人的问题。社会公正同样是社会工作的核心价值观，是美国社会工作伦理守则中价值观的首要。在社区工作中，要求对外部社会结构进行调整，通过制度的设置和安排来促成社会公正的产生，其认为个人难以达致公正，很多时候源自社会的阻碍。对于社区工作来说，强调群策群力、民主参与，强调每个人对社会都有一定的责任感，营造一个有归属感和凝聚力的社区。

社会工作传入中国之后，不同学者对社会工作（包括社区工作）本质也展开了讨论。社会工作面临较大的本土化问题，面临专业性与本土性之间的冲突，需追寻以社区为本位、建构社区公共性的社会工作本质（徐选国，2016）。张和清（2011）认为，以传统的个案、小组、社区三大工作方法很难回应社会的需求，中国社会面临社会转型，社会工作也应该以社区为本推进，推动中国的社会转型。在具体的社会工作价值和伦理本土化层面，雷杰和黄婉怡（2017）指出现有的社会工作服务在某种程度上悬置对价值观的讨论，而陷入实用专业主义的状况。与此类似，徐盈艳（2019）认为中国的社会工作专业建构的是一种工具性专业主义，与西方的社会工作价值有所差异。这些讨论在某种意义上也显示了前述对社会工作专业化状态的分析，中国的社会工作还处于建构和转型阶段，尚未形成稳定的社会工作价值观以及社会工作模式。

（二）地区发展的特性与政治力量等

社会工作者要面临宏观层面改变的处境，必须考虑政治和政策环境，需要了解问题、人群、场域及宏观的社会情境之间的关系（F. 埃伦·内廷、彼得·M. 凯特纳、史蒂文·L. 麦克默特里，2006：74）。不同地区的发展特性对社区工作的影响是关键的，选取社区工作模式时，社区的文化和经济条件需要得到充分照顾，任何社区工作都根植于社区，脱离了社区的考虑，社区工作则会沦为某一机制的工具，不能实现社区居民的福利（黎安国，1994）。对于不同地区、不同社区，应该以该地区、社区的条件来选取社区工作模式。

同样地，社会工作者面对着不同的群体，需要理解不同地区的政治和权力，认识到这些政治和权力对于群体的影响，这是非常关键的（F. 埃伦·内廷、彼得·M. 凯特纳、史蒂文·L. 麦克默特里，2006：135~136）。政治的影响可以分为两部分来看待：其一，社区工作本身嵌入外在的社会政治经济结构中，受到极大影响；其二，社区工作本身也是一种政治，对于社区内部的人群和个体产生影响。社会工作者要充分理解社区的权力结构关系，把握外在的政策结构对社区群体、个体的影响，并利用这个结构为居民服务。社区工作在中国内地的传入和发展同样受到政治经济社会结构的制约，尤其是街区结构的影响，在上述治理情境的回顾中，已经有较多论述，此处不再赘述。

（三）资源配置与社区工作模式选择

资源配置方式对社区工作模式的选择产生极大的影响，社区工作模式和社会服务组织的服务对资源有极大的依赖性。从香港的社区工作实践来看，社会服务组织较为依赖政府资助，工作模式、服务方式受到政府的监察，社会服务必须迎合政府的评估指标（黎安国，1994）。对于我国内地的社会工作实践来说也是如此，不同的资源配置方式导致不同的社区工作方式，如徐盈艳、黄晓星（2015）指出，政策自主和资源注入极大地影响了广东省不同城市社区工作模式的选取，尤其是在社区工作模式的稳定性和弹性方面，稳定的财政资源预算产生了规模化的社区工作效益，同时也带来了较规范化、一致化的社区工作模式；而弹性的资源输入产生了较为灵活、小型的社区工作模式。

第四节 分析框架

在不同的治理情境中，由于所面对的环境以及自身专业发展不同，政府部门和社会服务组织的行动逻辑不同，形成了不同的社会服务供给和社区工作模式。社会服务组织和社会工作所拥有的自由裁量权以及专业化的程度也不尽相同，进而影响社会服务组织及社会工作者所提供的服务（见表2-1）。

从西方治理理论和社会工作发展的阶段来看，传统公共行政管理、新管理主义、第三方治理分别代表了不同的发展特征。在传统公共行政管理时期，社会工作者以个体的形式参与公共服务，社会工作者的自由裁量权受到行政力量的限制。但是这个时候社会工作专业处于行政发展时期，社会工作不仅受到行政力量的限制，而且自身专业化也没有得到很好的发展，社会服务组织所提供的服务空间相对较小。在新自由主义和新管理主义的影响之下，市场化的运作进入公共服务领域，出现政府购买服务，用外包等方式对公共服务进行购买，以提高公共服务提供效率。在借鉴其他学科知识的基础之上，社会工作结合专业价值伦理，其专业化处于空前发展时期。在该情境中，新管理主义时期的社会工作出现多领域发展的态势，既有临床取向偏重个案管理的社工实践，也有以社区发展为目标的社工探索。在这样的社会背景之下，社会服务组织所拥有的积极的自由裁量权受到政府以及项目指标的限制，其服务选择空间受到影响。第三方治理是社会服务组织参与社会治理的理想状态，在拥有自由裁量权以及专业化足够发展的前提下，社会服务组织拥有一定的行动空间，能够在专业性的影响之下，有序参与公共服务供给过程，这个时候的社会服务组织拥有与其他主体平等对话的权力，能够在第三方治理中扮演自己相应的角色。

表2-1 不同治理模式和社会工作的自由裁量权

		自由裁量权	
		强	弱
专业化	强	第三方治理：积极的自由裁量权	新管理主义：弱化的自由裁量权
	弱	过渡治理情境：消极的自由裁量权	传统公共行政管理：无自由裁量权

但当前我国的社会服务处于过渡治理情境中，这种过渡治理情境从传统公共行政管理中脱胎而出，有可能转向新管理主义，也有可能转向第三方治理。在这种情境下，社会服务从政府职能中转移出来，合约购买和综合的社会服务模式成为很多地方政府的重要选项。合约购买意味着政府与社会服务组织形成合作关系，而综合的社会服务模式也反映了之前社会服务所体现的大而全的特征。在过渡治理的状态下，总体而言，是综合的社会服务模式，但此时社会工作拥有一定的自由裁量权，在这个框架下各种细化的社区工作模式都有所发展，如社区照顾、社区组织、社区营造等。

但是，由于其服务选择受到外部力量的影响，购买方的利益诉求、项目指标的要求以及服务对象的要求都能够影响自由裁量权的选择。在家综服务中，自由裁量权变为一种求得自身生存和发展的规避风险的工具，进而影响社会工作专业性的发展，消极的自由裁量权获得较大发挥。社会治理创新给了社工作或者政府购买社会服务更多的可能性,但是这种转变无经验可循。现阶段基本上是朝着新管理主义发展,但我国的治理情境本身与新管理主义也有一定程度的张力。社会服务组织缺乏与政府对话的专业能力,只能够对现实的环境做出妥协,从而导致了社会服务的困境。

在文献回顾的基础上,本书提出以下理论回应和分析框架(见图2-1)。

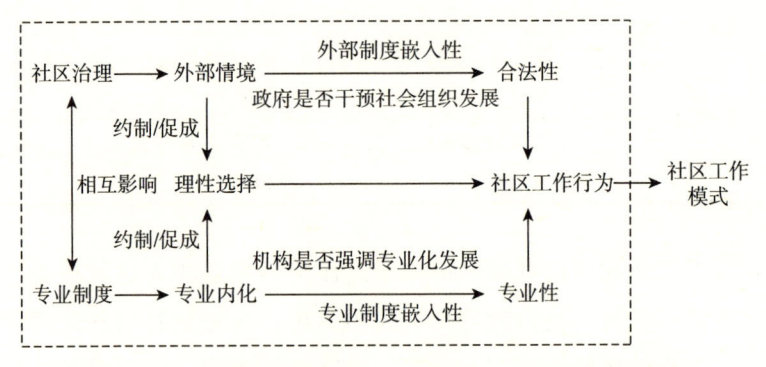

图2-1 社区治理制度、专业制度与社区工作模式

第三章
研究方法与研究伦理

为了细致解释社区工作及社会服务的困境,笔者于2011~2019年对广州市不同街道家庭综合服务中心进行研究,跟踪了从社区综合服务中心试点和家庭综合服务中心第一周期、第二周期到第三周期,即现在正在进行的社工服务站的社区工作发展。本章主要从研究方法和本书可能涉及的研究伦理两方面进行论述。

第一节 研究方法

通过查阅"广州市社会工作服务网",根据不同区域的家综数目,对整个广州市家综进行汇总和整理。其分布情况如表3-1所示。

表3-1 广州市家庭综合服务中心分布情况

区域	家综个数
越秀区	22
海珠区	19
荔湾区	21
天河区	21
白云区	22

续表

区域	家综个数
黄埔区	16
花都区	9
番禺区	17
南沙区	9
从化区	3
增城区	8

注：信息截至2019年4月15日，根据网上数据整理，总数为171个，网站信息不完全。详情可参看附录。

本研究从三个维度，即区域分布（街道社区）、机构的大小以及承接家综服务的社工机构背景进行街区的选择。之所以选择这三个维度，主要原因如下。一是广州市不同区域分布较广、特点不一，在相同的政府购买服务框架下，老城区家综服务人群以本地居民为主，而另外一些城区则以服务外来务工家庭或混合型服务为主。此外，如"广州市白云恒福社会工作服务社"主要承接白云区家庭综合服务，且也主要服务白云区辖区，在此基础上扩大到其他区域，这有助于笔者分析组织边界与区域特点之间的联系。二是机构的大小对于家综的服务也至关重要，尤其是在探讨不同主体之间的权力关系和边界的确定过程中，大型机构常常由于拥有丰富的实务经验和人员、资金等支撑，比小型机构更能在政府购买服务的合同中存活下去。三是机构背景因素的考虑，广州市政府购买服务主要分为两种模式——街道不参与和街道间接参与——街道不参与的具体包括"高校背景"和"企业背景"两类，街道间接参与的则有"提供场地，引入社工机构"、"自身注册民办非企业"和"仅将部分服务外包"（徐盈艳、黎熙元，2012）三类。① 因而，不同背景的社工机构在承接家综服务时往往具有不同的特点。

依此三个维度，本研究首先在 171 个家综里抽取 20 个家综②作为研究对象，并对中心主任展开了为期数月的深度访谈，针对部分中心采取"三轮式访谈"的方法，誊写逐字稿并撰写访谈笔记。之所以选择深度访谈作为方法论的核心，主要是因为其与整个研究框架（尤其是主题分析方法）具有内在一致性，实质都是强调"对被访者在访谈时赋予自己的话语的意义以及被访谈者赋予情景（衣着、神情、行动、居家、环境）的意义的探究"（杨善华、孙飞宇，2005）。此外，项目组从 20 个研究对象中抽取几个作为重点访谈对象，对其相关方——区民政局、机构主管、街道主任、居委会主任、中心主任、一线社工——进行访谈，并以评估专家等身份参与到服务供给过程中。

首先，访谈最初主要采用"半结构式访谈"的方法，但在对逐字稿进行第一轮的分析之后，我们很快发现这种方法很难获得"真相"。于是我们在第二阶段迅速调整为"无结构式访谈"，强调访谈对象如说故事般地接受访谈，这要求访谈者对谈话内容具有较高的敏感性，适时进行追问，如同"矿工挖黄金"（林本炫，2007）。

其次，本研究采用参与观察法，对社区工作过程进行完整的观察。项目组成员（第一作者、第二作者）以评估专家的身份从 2011 年开始持续参与评估，跟进服务及整个政策的变迁，这有助于理解家综的整个服务传递体系以及组织在不同情

---

① 目前社工机构或社会组织的类型已经更为多元和丰富，但这种早期的分类并不影响本书的分析。
② 按照学术惯例，对选中的家综、访谈的个人进行匿名化处理。

境中的角色和策略。除此之外，部分项目组成员（第三作者、第四作者等）以实习生的身份参与机构服务实践，对具体的服务有更深入的接触和体验，我们也参与到实务开展中，以便有更深刻的认识。

最后，本研究采用文献分析法，对社区治理相关文件，包括国家社区治理转变的政策文件、广东省及广州市等政府购买社会工作服务及服务开展的文件进行分析，以了解政策的完整过程。

对于资料的分析，笔者主要采取主题编码（即"thematic analysis"，也称作"议题编码"）的方式进行。自格拉泽和施特劳斯提出"开放编码"、"主轴编码"和"选择性编码"三个步骤后（凯西·卡麦兹，2009：58~85），"编码"的主张便深刻影响了质性研究方法。通过编码，可以对无结构式访谈所获得的资料进行分类和整理，提炼出不同的概念和范畴，并加以比较，有效促进了矿工的挖掘工作。然而，在扎根理论、现象学和叙事分析等框架下，编码同样必不可少，不同范式的编码背后的内涵具有较大的差异（林本炫，2007）。本研究主要采用现象学视角下的主题分析法进行编码，它是诠释现象学最常见的方法之一，强调对于"意义"的挖掘。

台湾学者高淑清是这样定义主题分析法的，"所谓主题分析法是对访谈对象和文本进行系统性分析的方法，试图从一大堆琐琐碎碎、杂乱无章且看似南辕北辙的素材中抽丝剥茧，归纳与研究问题有关的意义本质，以主题的方式呈现，用来帮助解释文本所蕴含的深层意义"（高淑清，2001）。与扎根理论的编码方式相似，主题编码也具有自己的流程和分析过程，但其阅读与分析访谈资料的产物是主题而非字句、片段：首先，它强调研究者要对录音和逐字稿进行整体的阅读与反思，并写下自己初读时的感受；其次，分阶段、分主题对逐字稿中提到的重要事件、内容等进行编码，并通过采取不同的标记将其划分出不同层次，再进行比较和归纳；最后，在对所有逐字稿完成编码后，研究者需要对原材料和分析后的材料进行整体理解与诠释（林本炫，2007），其中包括对主题的建构和解构等过程，最终通过夹叙夹议的方式将主题呈现出来。

由此可见，主题分析法与扎根理论的编码方法虽然不同，但可以互相借鉴。主题分析法的最大特点在于强调研究者先对资料进行整体阅读，然后才对各段落进行编码，最后再进行整体的理解和诠释。依循此步骤，结合扎根理论所强调的田野笔记的撰写，每开展一次访谈，项目组成员都及时写下田野笔记，并誊写逐字稿，以加深对资料的印象和整体把握。如本书"摸着石头过河""上轨道""人脉"等代码在原材料中都以一种比较鲜活的方式呈现出来。

第二节　研究伦理

对于社会科学而言，研究伦理常常是研究者必须考虑的一大议题，尤其是涉及道德问题时，非中伤、匿名保护、数据的保密及知情同意成为研究者必须遵循的四大基本原则（卜玉梅，2012）。本研究从项目开展之初便对可能存在的伦理问题进行过讨论，并找寻最有效的解决方案，具体如下。

第一，参与式观察的伦理问题。作为在场的参与式观察者也是社工服务的评估者或提供者。在专业服务的过程中，他们会考虑服务对象的实际需求，依据社会工作的专业方法以及专业伦理提供一定的服务。同时在参与式观察中，对于所涉及的服务对象以及所涉及的公共问题等相关资料都会进行匿名处理。

第二，录音问题。本研究所有访谈均录音，录音前也都询问了访谈对象的意愿，征得其同意后方录音。在访谈过程中，录音笔始终放置于访谈对象视野范围之内，使得访谈对象在访谈过程中，随时可以目测到录音笔呈现的状态。

第三，保密性问题。在访谈结束之后，我们会向访谈对象咨询相关的文本材料，询问是否可以复印或赠送等，并告知相关材料可能会出现在文章之中，本书所涉及的材料均得到了访谈对象许可。

第四，匿名性问题。对于书中出现的人名和地名，均采取化名处理的形式，如对书中相关信息有疑问，均可在征得访谈对象的同意之后进行解释。

访谈对象包括街道办事处书记和主任、居委会主任、家综主任、一线社工及其他组织和居民代表。本书的分析对象主要是其中作为治理情境组成部分的各方主体，如街道办事处、居委会等，以及作为专业服务提供者的社会服务组织，对社会服务组织的选择性服务进行拓展分析。

第四章
双重制度嵌入与社区工作模式的形成

在创新社会治理中,各项创新举措迅速铺开,社会工作专业的发展处于大跨步状态之中。快速的扩张和发展也难以使国内的专业发展达到西方发达国家的水平,进一步彰显了专业发展的不足。在社区治理制度和社会工作专业制度的双重作用下,各地形成了不同的社区工作模式。

第一节 社区治理制度和情境

中国的社区治理制度从20世纪80年代开始逐步形成,以社区服务为第一个切入点,解决单位制解体所带来的系列社会问题。80年代以来,社区所面对的问题越发复杂,社区建设也经历了极大的变迁。

一 社区治理与社区服务制度演变的整体把握

按照社区治理的演变,本研究将社区治理制度分三个部分进行阐述。

(一) 社区服务

1949年之后,原有的保甲机构作为反动政权的基层组织被清除,保甲人员暂时留用。保甲制度作为一个行政单元被废除，而为了保证政令的下达及居民的组织，基层自治组织普遍建立起来并维持秩序，如在上海，从1949年6月至1950年初，上海市军事接管委员会建立了很多里弄基层组织，满足群众生活需要，如自来水管理委员会、防火小组等（朱国明，2002）。1949年12月，上海成立第一个居民组织——宝兴里居民福利委员会，这成为居民委员会的雏形。[①] 1953年，彭真向中央提交《关于城市街道办事处、居民委员会组织和经费问题的报告》，提出建立街道办事处、居民委员会是有必要的，并且不需要在街道一级建立政权，街道办事处、居民委员会是自治组织，不是政权组织。1954年12月31日，第一届全国人大常委会第四次会议通过《城市街道办事处组织条例》和《城市居民委员会组织条例》。从1954年开始，在城市基层地区管理主要采取街居制的体制，通过街道办事处和居民委员会这两个行政建制的组织来开展工作，街道办事处和居民委员会起到组织居民的作用。街居制的建立满足了当时群众的各方面需要，从自治组织的角度与社会单元结合在一起，起到了较大的作用。

街道办事处、居民委员会的设立对于将居民重新组织起来有重要的作用，也使得政令能够下达，居民委员会（以下简称"居委会"）是国家和社会调和的产物，推动社会逐步计划化（张济顺，2004）。居委会后来成为政府的延伸，主要承担政府行政任务。从1958年开始，街道机构和职能也在迅速扩大，设城市人民公社，党、政、社高度合一，街区权力高度集中，人民公社作为一级政权组织，统辖经济生活组织、社会生活组

[①] 《上海通志》，http://www.shtong.gov.cn/Newsite/node2/node2247/node4602/node79790/node79816/userobject1ai104503.html。

织（何海兵，2003）。但这种膨胀的体制无法维持长久，街居制在"文化大革命"期间备受破坏，被革命委员会取代。街居制在发展过程中逐步行政化、职能负载加大，失去了原本的功能和性质，也失去了原有的社会整合功能。与此同时，单位制也逐步确立、发展，促使街居制成为基层管理体制中的辅助角色。

单位制的确立与新中国成立初期的社会经济背景有极大的关系，当时经济凋敝、社会解组，因此，经济重建、社会整合是当时政权的重要目标，计划经济体制是实现这个目标的重要手段，与之相对应的特殊的组织形式则是单位制。单位制集政治、经济与社会于一体，以行政性、封闭性、单一性为特征，在当时起到了政治动员、经济发展、社会控制的重要作用（何海兵，2003）。单位制是中国基层社会组织化的重要组成部分，20 世纪 50 年代开始，国家建立了总体性结构，垄断了一切资源，包括财富、个人生存和发展的机会及信息资源等（孙立平等，1994）。我国处于一种独特的"强国家－弱社会"模式之中，强控制通过单位制和农村中的人民公社制度来实现，人们被高度整合到政治体制当中，动员能力极强（孙立平，1992）。

1949 年至 1978 年，通过单位制为主、街居制为辅，国家将人们组织动员起来，从新中国成立初期的自组织的社会单元到后面单位制的组织单元，完成了总体性结构的搭建。在民生凋敝、百业待兴时期，国家经济急需通过强有力的干预，才能得以重建。社会流动性基本被消除，国家以总体性支配管理社会。在这个阶段，单位化社会与基层社会在城市空间中并存，而以前者支配后者，街区在某种程度上也成为单位的物理空间，成为国家计划的一部分。在该阶段，单位承担起主要的服务职能，对单位人员进行全方位的服务，而街居制则起辅助性的服务作用。单位的管理和服务取决于单位的效益，虽然总体上基层社会服务水平偏低，但覆盖面较广，也有效地将人们整合起来。单位作为一个政治建构的基本单元，成为社会资源配置的有效方式，满足职工的基本需要。

这些基本需要包括衣食住行等各方面，如逢年过节给职工的补贴，大型国有制单位内部所辖的学校、幼儿园、医院、养老院、食堂和浴池等设施，以及免费或微利的服务，还包括住房分配；另外，也包括显性福利和隐性福利等（胡水，2015）。单位对职工需要的满足是全方位的，但带来的后果则是单位的经济绩效等的亏损，导致这种体制的不可维系。与居住相关，单位通过福利分房制度兴建了一批楼宇，同时单位的房产处等着社区中进行基础设施建设和服务提供，重视小区的配套和建设（胡水，2015）。这种服务的供给方式一直维系到1998年的商品房改革。

1978年我国实行改革开放，城乡居民的流动性开始增加，单位和人民公社外的人口开始增多，打破了以往总体性结构的格局。原本以单位制为主的基层管理体系不适应市场经济下的社会变迁，与单位制相配套的作用随着单位制的解体亦慢慢消失，在这种情况下，"社区制"作为取代单位制、街居制的基层管理体制呼之欲出。

"社区"进入政策的视野中，成为基层治理体系的主要部分。1980年1月，全国人大重新颁布了在20世纪50年代中后期业已通过的《城市街道办事处组织条例》《治安保卫委员会暂行组织条例》《人民调解委员会暂行组织通则》《城市居民委员会组织条例》四个有关居委会制度的法律文件。城市社区服务是福利社会化的先锋。社区服务的推进是为了弥补当时"企业责任制"的不足以及单位制逐步解体所导致的社区需要未能满足的状况。社区服务体系的建设是社区建设的前奏，以服务先行。我国原有的社区公共服务以政府供给为主，包括基础设施的建设以及社区医疗、教育、社会保障等方面的服务。社区服务的发展经历了从原先的国家为单一主体到社会服务社会化的过程。这涉及福利资源的分配（Bifulco，2014）以及各种社会资源的动员。社区服务概念的提出和发展确立了基本公共服务供给的新单元，改变了原先以单位组织为单元的公共服务供给。这是城市社区建设过程中"社会资源配置的社区化"（杨敏，2010）。1989年的《中华人民共和国城市居委会组织法》确立居委会作为社区服务供给的主体。2000年《民政部关于在全国推进城市社区建设的意见》明确了社区是以居委会管辖范围为基础，"要重点抓好城区、街道办事处社区服务中心和社区居委会社区服务站的建设与管理"。在城市社区建设的过程中，出现了以国家的基层治理主体为供给主体的社区型的服务供给体制，由街道、居委会等提供政策框架内的服务供给。

　　社区制的推行匹配20世纪80年代至90年代的城市情况，人口处于调控的流动状态。在80年代至90年代，国家对城乡人口的流动有较强的管控，1981年国务院颁布《关于严格控制农村劳动力进城做工和农业人口转为非农业人口的通知》，控制农村人口流动。这个阶段也是逐步推行国企改革、推动市场经济建立的阶段，单位制逐步解体，在基层管理体系上则从单位制为主转向社区制为主。江泽民同志于1994年1月在北京考察时的讲话中指出："居民委员会是密切政府与群众联系的重要桥梁，可以协助党和政府解决居民群众中存在的许多问题和困难，化解许多人民内部矛盾，对于增进群众团结和促进社会稳定起着很大的作用，这也是社会主义制度优越性的生动体现。"1994年3月,江泽民同志在八届全国人大四次会议上讲话时指出:"要大力加强城市社区建设,充分发挥街道办事处、居委会的作用。五六十年代,它们曾做过很大贡献,在新的时期要进一步发挥它们在加强城市管理、维护城市秩序中的重要作用。必须建立有效的组织管理体制,把城市流动人口管好,使他们成为促进城市发展的劳动力资源。"在社区建设的推进过程中,作为自组织的居委会与作为社区秩序构建的管理者的居委会两个角色是并行的,通过原先的社区空间单元将流动人口纳入管理之中。

从社区人口和空间结构来看,住房商品化改革是二十多年来的最显著力量。1994年7月,国务院发布《国务院关于深化城镇住房制度改革的决定》(国发〔1994〕43号),开启了城镇住房制度正式改革之路。1997年5月,公安部出台了《小城镇户籍管理制度改革试点方案》,允许满足某些特定条件的农村人员在小城镇办理常住户口并享受当地居民同等待遇,与住房商品化结合在一起。而房改具有里程碑意义的文件则是1998年7月3日国务院发布的《关于进一步深化城镇住房制度改革加快住房建设的通知》(国发〔1998〕23号),该文件宣布全国城镇从1998年下半年开始停止住房实物分配,全面实行住房分配货币化,同时建立和完善以经济适用住房为主的多层次城镇住房供应体系。为了促进房地产市场更好、更快地发展,国务院2003年发布了《关于促进房地产市场持续健康发展的通知》(国发〔2003〕18号),提出:各地要根据城镇住房制度改革进程、居民住房状况和收入水平的变化,完善住房供应政策,调整住房供应结构,逐步实现多数家庭购买或承租普通商品住房。在这个文件中,强调公房进一步出售、私有化,进一步规范发展市场服务,即建立住房中介市场及贯彻《物业管理条例》、改善住房消费环境。住房商品化推动了人们居住模式的变化，人们通过市场的力量被分配到不同的社区之中，原本与单位制结合在一起的计划化社会被进一步打破。1978年我国城区人口为7682万人，至2016年达40299.2万人，1978年至1990年上升速度最快，年均增长速度达30%；1991年短暂回落后，1992年至1995年又重新攀升。[①]这些新增的城市人口大部分通过商品房购置或者租赁居住在物业小区中。

城市人口的变化、社区的变迁导致群体需要的差异化及分化，而原本有效的社区服务也逐步难以满足这些需要。社区服务将服务单元设置为与居委会同一，居委会成为主要的服务主体，但居委会管辖的边界往往与基本公共服务需要的边界不一致，居委会作为行政主体又难以应对日益变化的居民需要。所有的服务通过以居委会为主的社区服务单元输送，导致街道及以下的基层单位成为大而全的行政机构，应对所有上级职能部门的服务指派，但忽略了不同社区的差异化需要。在社区服务方面，社区需要本身难以清晰地界定，以基本公共服务为主，而这些基本公共服务与国家相对应的职能部门相匹配。社区服务体系的构建是标准化的，以纵向行政发包的方式（周黎安，2014a）通过层级政府不断往下发包，而"接包方"是以行政为边界的街道办事处和居委会，而非以不同的人群为单位。社区服务发包是标准化、均等化的，发包到社区却出现极其严重的不精准，不能将服务精准地输送到有需要的人群。另外，由于社区人口构成的多样性，社区服务的需要呈现多元特征，但满足人们需要的供给仍然短缺。这种短缺既有绝对性供给短

[①] 参见《中国城市建设统计年鉴（2016）》。

缺，即社区基本服务的供给短缺，也有结构性供给短缺，即服务供给无法适应不同层次或不同类型的服务需要。近年来，政府资源和社会资源不断进入社区服务领域且不断增长，但如何发现和评估社区居民的真实需要，在政府与各种社会主体中建立一个合理的职能分割体系和高效率的服务产品生产体系，需要满足的有效性不足已成为当下社区建设面临的问题。

近期创新社会治理对社区服务进行调整，主要体现为引入新的服务主体，以"社会协同"的方式构建多元主体的社区服务格局，强调服务的专业主体性。2004年，党的十六届四中全会首次提出要"建立健全党委领导、政府负责、社会协同、公众参与的社会管理格局"，这对我国的基层社会管理格局来说是标志性的变化，强调在党委领导、政府负责下的多元主体发展。后续的社会治理创新沿着这个格局完善和发展。2012年，党的十八大报告进一步要求"在改善民生和创新管理中加强社会建设"，完善党委领导、政府负责、社会协同、公众参与、法治保障的社会管理体制。

为了进一步提高服务输送的效率，社区服务在十余年来发生了较大的改变，从制度、人员设置到服务都重新调整。第一，社区服务体系的变革被纳入社会工程的视角来看待。从整体的人才队伍建设、体制内岗位的设定、民办社会工作机构的培育、志愿者组织和队伍的发展等方面，对社区服务体系进行整体性的变革。《民政部关于开展社会工作人才队伍建设试点示范创建活动的通知》（民函〔2009〕87号）指出，要"以政策制定为核心，以机构设置、岗位开发为重点，以经费保障为关键，以专业服务为载体，以组织考试、社会参与、教育培训、宣传研究为手段"，其中社会参与则要求政府购买服务、扶持成立民办社会工作机构等。指导思想从以往的社区管理转向治理,对社区服务的社会基础产生较大影响。第二,社区服务人才的专业化、技术化。《国家中长期人才发展规划纲要(2010—2020年)》指出,培养造就"一大批职业化、专业化的高级社会工作人才……到2020年,社会工作人才总量达到300万人",社会工作人才队伍纳入重大人才工程;设置社会工作人才培养体系,包括学历教育、专业培训及培训基地建设等。人事部、民政部等对社会工作职业能力做了基本的概括,包括对社会工作法律、法规等的把握,掌握基本的社会工作专业方法等。第三,强调专业服务的输送。《民政部 财政部关于加快推进社区社会工作服务的意见》(民发〔2013〕178号)指出:"社区是社会的基本单元,是社会工作人才开展服务的主要平台。"社会工作人才开展的专业服务是社区工作的基本内容。而专业的服务要求以"满足居民需求、促进社区和谐、推动社区发展为根本出发点",以大规模培养和使用社会工作专业人才队伍、不断拓宽社区社会工作服务平台、分类推进社区社会工作服务等为主要任务。

(二) 居民自治

20世纪90年代至21世纪初期,社区建设体系主要以居民自治为切入点,体现在居委会的建设上。在计划经济时期,居委会是开展政治运动的好帮手,发挥了最基层的行政组织的职能,成了居民的"家长"(徐珂,1998)。"文化大革命"时期,居委会名存实亡。1980年1月,全国人大重新颁布了50年代中后期业已通过的《城市街道办事处组织条例》、《治安保卫委员会暂行组织条例》、《人民调解委员会暂行组织通则》和《城市居民委员会组织条例》四个有关居委会制度的法律文件。1991年,民政部提出社区建设概念,将社区制逐步确立为基层管理体制。社区建设大概可分为四个阶段,以时任民政部部长崔乃夫在 1991 年 7 月 5 日提及的社区建设为开端（王青山、刘继同，2004）。四个阶段都强调居委会的自治性，并为居委会设定了民主选举、民主决策、民主管理、民主监督四项民主原则。2000 年，《中共中央办公厅 国务院办公厅关于转发〈民政部关于在全国推进城市社区建设的意见〉的通知》（中办发〔2000〕23 号）作为城市社区建设的纲领性文件，提出"社区是指聚居在一定地域范围内的人们所组成的社会生活共同体。目前城市社区的范围，一般是指经过社区体制改革后做了规模调整的居民委员会辖区。社区建设是指在党和政府的领导下，依靠社区力量，利用社区资源，强化社区功能，解决社区问题，促进社区政治、经济、文化、环境协调和健康发展，不断提高社区成员生活水平和生活质量的过程"。要求加强社区组织，尤其是居民自治组织的建设。在逐渐成形的中国城市基层社会自治管理体系中，居委会的地位和作用得到了进一步巩固和加强（李骏，2009）。社区建设自始至终都以自上而下的推动为动力，国家维持着对于基层社会的强控制和基层政权合法性重建（朱健刚，1997），政府主导型的社区治理被认为较适合中国社区的现状（王芳、李和中，2008）。

居民的身份对应于居委会等的立法以及居住的位置。1989 年 12 月 26 日，第七届全国人民代表大会常务委员会第十一次会议通过了《中华人民共和国城市居民委员会组织法》，同时，1954 年的《城市居民委员会组织条例》废止。这些条例的实施与调整使城市居民身份逐步从"单位人"转向居民，由社区负责人们的生活管理。当单位制逐步解体之后，单位人转变为小区的居民，他们首先面对社区。居民自治的领域化则是确立自治的主体以及使社区制度化的过程。杨敏（2007）把这种社区建设定位为国家治理单元的建设，党组织和街道办事处居于领导地位，主导社区建设的微观运作。现阶段，对于居民自治来说，如何加强社区的公共性和参与成为核心问题。

（三）社区秩序

伴随人口异质化而来的问题是利益多元化，关于业委会与物业管理公司之间的矛盾冲突、征地拆迁过程中的利益博弈、邻避冲突等问题都关乎利益多元化的问题，如何形成有序的社区秩序是社区管理的议题；社区内人口群体多元化，利益矛盾也越发加剧。业主、业委会、物业管理公司等是社区内利益分化（王星，2012）、冲突的主体，围绕着物业管理问题展开。不同人群参与社区中的不同组织——居委会、业委会、志愿者联合会等，表达利益诉求的方式也不一样（熊易寒，2012）。在社区中，邻避冲突的建设也成为社区冲突很重要的导火索，触及社区居民的利益，进而影响了其对周围的认知、认同感等（何艳玲，2009）。在人口流动性、异质化加强的情境下，如何重构有效的利益单元？对于社区协商来说，有效的协商空间与有效的协商主体相匹配，利益单元的领域化则是对有效利益单元的划分与构建。利益单元的构建产生了社区政体（陈鹏，2016）。诸多学者从社区冲突发起、动员、发展、高潮、结束等各个阶段介入研究，对社区冲突过程中的各个主体进行深描，揭示社区冲突机制。一方面，社区冲突影响了社区整合，有一定的消极影响，如对稳定的物业管理的破坏、伤害某些人群的利益等；另一方面，社区冲突成为公民性建构的路径依赖（闵学勤，2010），成为社区公民教育的重要载体。

2015年，中共中央办公厅、国务院办公厅印发《关于加强城乡社区协商的意见》，其中提出城乡社区协商的重要意义："城乡社区协商是基层群众自治的生动实践，是社会主义协商民主建设的重要组成部分和有效实现形式。改革开放特别是党的十八大以来,各地基层坚持有事多协商、遇事多协商、做事多协商,有效维护了群众切身利益,促进了社会和谐与文明进步。当前,随着新型工业化、信息化、城镇化、农业现代化的深入推进,我国经济社会发生深刻变化,利益主体日益多元,利益诉求更加多样。社区是社会的基本单元,加强城乡社区协商,有利于解决群众的实际困难和问题,化解矛盾纠纷,维护社会和谐稳定;有利于在基层群众中宣传党和政府的方针政策,努力形成共识,汇聚力量,推动各项政策落实;有利于找到群众意愿和要求的最大公约数,促进基层民主健康发展。"文件从内容、主体、程序等方面发展了社区协商,城乡社区协商的发展充分体现了将社区作为矛盾化解和秩序建立的社会单元的治理意图。

从上面三个重要部分可见,社区建设本身分为不同的子系统,这些子系统各自处于非线性的发展过程中,而它们之间又会产生不同的联系,处在共变关系之中。这些子系统之间的发展回应的是社会复杂的问题,但同时又产生了新的不同的复杂性。在不同的社区建设子系统中,有不同的治理主体,相对应地,在系统内部出现不同的自组织,这些自组织的能力也有极大差异。这些子系统构成了社区治理制度体系,成为社区工作模式的前提。

二 社会服务单元的构建:从单一主体到多元主体的服务转变

社会服务单元的构建包括社区的划分、设施的建设及服务的提供,广州市的发展经历了从服务单元的构建到专业服务的供给的转变过程。1987年底至1989年,广州开展了社区服务的探索。1987~2010年,广州基本上围绕着社区服务中心的构建，以设施建设为主要任务。1993～1995 年的社区服务工作发展规划认为社区服务是以街道社区服务设施为主体、以居委会包户服务和便民服务为基础的社区服务体系。方向是"以社区服务中心为基本阵地，以居民自愿互助服务为基础，以行业化管理为特征，具有较强自我发展和调节能力的社区综合服务体系，并向（市）城镇延伸"。其中主要提及服务设施的构建，如以 1992 年为基准，三年内设施使用面积增加 30%，使用率达 90%。争取到 1995 年底，30 个社区服务中心使用面积在 300 平方米以上。[①] 1997 年，社区服务设施按每 1000 人口 10 平方米的标准配套。[②] 2001 年，社区建设全面推进，广州整合原有的社区服务中心资源，开始往建设综合性、多功能的社区服务中心方向发展："有条件的区、县级市可根据实际需要，建设一个综合性、多功能的社区服务中心；各街道按每 1000 人口配套 15 平方米的标准建设一个社区服务中心，并设立可容纳 30 人左右的综合性的老人社区福利服务设施，完善残疾人治疗康复场所。"[③] 社区服务设施从每 1000 人口 10 平方米增加到 15 平方米。2006 年，广州开始创建平安和谐社区，进一步兴建各类社区公共设施，如社区内停车场、路灯、休闲广场、公厕、文体活动场地等公共设施。社区服务的目标进一步转变为："到 2010 年，每个社区建有一个面积不小于 500 平方米的公共绿化广场，其中供居民活动的硬地面积不小于 200 平方米，广场附近配置公厕；每个社区建有一个不少于 20 个车位的公共停车场；社区居委会办公用房、公共文化设施、社区

[①] 1994 年，《广州市社区服务工作 1993 年至 1995 年发展规划》。
[②] 1997 年，《试点区深化街道管理体制改革方案》。
[③] 2001 年，《中共广州市委、广州市人民政府关于全面推进社区建设的意见》。

老年人活动场所建设基本达标。"①

这些创建活动逐步为社区赋予了"服务"属性，并将社区框定为社会服务单元。社区服务中心的设施建设越发具体化，从一开始的建设 30 个社区服务中心到后续的按照每 1000 人口配备 15 平方米，基本覆盖城区范围。社会服务单元的设置就是资源配置的过程，政府通过各种条令，将社区服务落实到具体的空间范围中。2003 年，民政局进一步倡导通过居委会整合辖区内不同单位的资源开展社区服务，主要范围是各类政府机关和事业单位。② 在这一系列的社区创建中，居委会管辖范围的社区是社区服务中心的服务范围，基本的服务主体是社区服务专职管理人员和工作人员（与居委会重叠）、义务工作者（如成立广州市义务工作者联合会等）。

社区服务基本上还是围绕着以政府、街道办事处、居委会等为主体开展，以设施布局等为主。近期的转变从 2009 年开始，中共广州市委、广州市人民政府发出《中共广州市委　广州市人民政府关于学习借鉴香港先进经验推进社会管理改革先行先试的意见》（穗字〔2009〕13 号），开始政府购买社会工作服务的实践："开展政府购买服务项目试点。选择家庭及儿童、老年、青少年、残疾人服务、社区发展、社区矫正、劳动关系协调、就业培训等八大类社会服务项目进行政府购买服务试点。"③ 根据《推进我市社会管理服务改革开展街道社区综合服务中心建设试点工作方案》，广州选取 20 个街道进行试

---

① 《中共广州市委、广州市人民政府关于建设平安和谐社区的意见》（穗字〔2006〕2 号）。
② 《广州市人民政府办公厅转发市民政局关于利用社区资源开展社区服务的意见的通知》（穗府办〔2003〕19 号）。
③ 《中共广州市委　广州市人民政府关于学习借鉴香港先进经验推进社会管理改革先行先试的意见》（穗字〔2009〕13 号）。

点，成立社区综合服务中心，按照社会工作的理念，为区域内个人和家庭提供全面、优质的社会服务，满足个人及家庭多样化的需求。2011年，家庭综合服务中心全面推广。广州市委办公厅、市政府发出《中共广州市委办公厅、广州市人民政府办公厅印发〈关于加快街道家庭综合服务中心建设的实施办法〉的通知》（穗办〔2011〕22号），指出："家庭综合服务中心是指在街道设置的一个服务平台，接受区（县级市）民政部门的业务指导。家庭综合服务中心通过政府购买社会服务的方式，由民办社会工作服务机构承接运营，根据区域服务需求实际情况，以家庭、青少年、长者等重点群体的服务为核心，科学设置服务项目，面向全体社区居民提供专业、综合、优质的社会服务。"家庭综合服务中心服务经费一般为200万元/年，萝岗等部分地区达到250万元/年。原则上每10万元购买服务经费须配备一名工作人员，1/2以上为社会工作专业人员，2/3以上为社会服务领域相关专业人员。[①]

可见，从近期的政府购买社会工作服务推广以来，广州市的社会服务单元相对应进行调整，从原先与居委会重叠的社区服务中心转向与街道基本吻合的家庭综合服务中心。街道被建构成为基本的社会服务单元。同时，某些区也将服务单元细分，建构社区家庭综合服务中心，与原先的社区服务中心区分

[①] 参见《关于印发〈推进我市社会管理服务改革开展街道社区综合服务中心建设试点工作方案〉的通知》（穗民〔2010〕213号），《广州市民政局关于印发广州市街道社区综合服务中心试点建设期间三个工作规范的通知》（穗民〔2010〕320号），中共广州市委文件《中共广州市委、广州市人民政府关于全面推进街道、社区服务管理改革创新的意见》（穗字〔2011〕14号，2011年7月23日），中共广州市委办公厅文件《中共广州市委办公厅、广州市人民政府办公厅印发〈关于加快街道家庭综合服务中心建设的实施办法〉的通知》（穗办〔2011〕22号）。

开来。社会服务单元的再领域化与资源的优化配置和居民的需求回应有密切联系。资源的投入从原先的强调设施建设转向专业化的社会服务上。相应地，社区服务主体从居委会、义务工作者转向社会工作人才队伍。

社区服务从原先的注重设施建设开始逐步转向专业服务的生产和供给，从以居委会专职人员提供行政服务为主转向多元主体共同参与社会服务。服务的主体包括居委会专职人员、义务工作者、社会工作者，不同的主体对应不同的社会资源，履行不同的职责。在社区服务领域，不同主体性的划分反过来促进社区服务的调整。2008年以来，广州市开始推行政府购买社会服务（社会服务外包）的政策，政府通过跨组织边界管理提升跨部门合作能力，保证社会服务效率和效果。

广州市家庭综合服务中心的建设体现了社会服务单元转变的思路，从原先以居委会为中心的社区服务单元转向以街道为中心的社会服务单元。在街道层面上，不同的服务主体更为复杂和多元化，而需要以伙伴关系整合起来。在跨部门合作成功的因素中，人力和社会"原材料"是重要的变量，潜在的合作者是否具备能力和关键技能是重要的考量（尤金·巴达赫，2011：21）。由于广州市政府购买服务作为国内先行先试的典型，并没有很多可借鉴的成功经验，而国内社会组织的孱弱也意味着承接社会服务的社会组织可能会出现较多的问题。如果社会服务承包商追求利润最大化，或者存在腐败，又或者评价指标不合理的话，则很可能会导致这种跨部门合作成为一种"愚蠢实践"（尤金·巴达赫，2011：28）。为了避免失败，不同的街道办事处采取了各种策略，发掘合乎要求的合作伙伴。据统计，2013~2014年，广州市有79家社工机构承接了171家家综的运营，其中有14家社工机构运营了4家或更多的家综（雷杰等，2015：12）。

社会服务组织入驻街区之后，与街道办事处、居委会等不同组织形成了合作关系。基层政府需要对伙伴关系进行干预和调整，以保证社会服务方向。因此，基层政府既要"掌舵"，又要避免在管理过程中削弱社会服务组织的专业性和缩小其发展空间。

《关于加快街道家庭综合服务中心建设的实施办法》规定，家综运作过程中须加强合约三方沟通协调、定期召开联席会议，解决专业领域外的协调问题。在协调过程中可对原先合约进行调整，以回应街区需求。在家综开展服务的不同阶段，沟通制度的构建、沟通常态化都起到了较大的作用。不同街道的沟通方式有所差异，如通过文本材料的汇报、随时的沟通、专人对接等。HL街道家综项目总监提及，区里和街道办事处会临时到社区的服务项目中走访，了解相应的工作。

沟通也是资源整合的重要方式。社会服务组织主要服务的对象是弱势群体，往往需要代表或联合他们进行利益诉求，寻求资源。因此，街道办事处、居委会也扮演了资源链接的协助者角色，帮助家综整合资源。LYS家综安排不同的人对接不同的资源，与不同的社区主体进行沟通，借助街道背景的优势大力整合资源。BC街道家综则借助其所在地GD社区为政府明星社区的优势，充分融入资源沟通网络中；街道领导也重视与家综的定期沟通机制建设，配合家综联系和协调场地。

在此基础上，街道办事处建立了社会服务的跨部门合作网络。跨部门合作网络的构建是不同治理主体厘清、边界划清与管理、相互理解和融合的过程。在以往的社会服务体系中，政府直接供给、大包大揽，社会服务需求也直接指向政府和居委会等。在基层跨部门合作网络的构建过程中，参与的主体也逐步厘清了自身的职责、消解部分误解，并以相互配合和合作的心态发挥作用。YF街道家综主任提及原先对居委会存在一些误解，但在服务过程中，深刻体会到居委会的困难，街道建构了比较好的沟通平台，也比较尊重社会服务组织的专业理念等。YF街道家综为了提高沟通效率和服务质量，在社区中派驻点同事，与居委会等随时沟通协调。除了参加联席会议之外，家综还参与了居委会的行政会议等。DT街道家综在进驻初期，就带着全部同工拜访居委会、街道的领导，建立关系，与居委会建立合作机制，甚至在开展服务前提前跟居委会做好沟通。不同的家综都提及街道办事处对社会工作理念认可的重要性，并将其作为重要的合作前提对待，这也体现了合约外包过程中伙伴关系的伦理关系（艾伦·劳顿，2008：104）。

"掌舵"不仅是一个机械过程，还是一个政治过程（尤金·巴达赫，2011：153）。街道办事处作为购买方，需要掌握服务的方向，使其符合"公共利益"的要求，并且培养一种多主体共同解决街区问题的文化氛围。这种调整促使家庭综合服务中心更加关注街区需求，更加关注本土的政治、经济、文化状况，而非教条主义地执行作为西方舶来品的社会工作伦理要求。

BC街道社区服务中心（街道主管家综部门）在与家综协调的过程中，要求家综增加新的服务内容，这个内容在原先的合约中是没有的。在BC辖区内有一个社区的外来人口特别多，街道要求家综为这些外来人口搭建服务平台，家综主任也爽快地答应了，并且以原先企业的资源支持该服务。除了类似的新增服务之外，不同家综广泛参与到街道常规活动、各种创建和交流活动中，如2014年的登革热防治中，到处可见社工的身影；广州近几年开展幸福社区创建活动，家综成为该创建活动的主力。街道作为购买方，有权与家综协商调整合约中的服务内容，但大部分的调整没有体现在文书中，而是以原先街道行政权力的方式下达，科层制权力还是作为组织系统中主体控制政策过程的重要手段而行使（米切尔·黑尧，2004：133）。通过服务内容调整，街道办事处促使家庭综合服务中心的服务更加契合自身的需求，或者契合街区的需求。街道作为社会服务的单元被充分重视和强调。

在社会服务单元构建的过程中，基层政府采取一系列的策略进行跨组织边界管理，这些策略贯穿于整个社会服务输送过程中；同时，社会服务组织也进入该服务单元中，成为新的主体。承接社会服务的机构是直接的执行者，直接决定了该服务的成败。街道办事处则通过各种方式干预社会服务机构，以避免服务失败。

三 政府购买服务的政策试点：属地管理与风险监控

在中国，"试点"是政府部门和企事业单位常用的改革方法。集中和分级的政权导致试点成为可能，当一个政策在某地某级产生实际效果之后，才继续采用、推广这一政策（黄宗智，2009）。以各种试点项目、实验区为代表的政策试点是在我国经济社会转型过程中的一种尝试。政策试点能够在一定程度上促进制度创新以及避免因情况不明而导致的改革震荡（Heilmann，2008）。广州市家庭综合服务中心的发展经历了试点、全面推广到常态化的不同阶段。

广州市从2010年9月至2012年9月在20个街道进行社区综合服务中心建设试点工作，采用政府购买服务以及街道间接管理两种模式进行试点运营，其中2010年9月至2012年9月为试点阶段，2013年至2015年为推广阶段，2016年至2020年为全面建设阶段。① 从试点到全面实行,家综的运营方式在不断进行尝试。政府购买社会服务推动了社会工作的飞速发展,但试点存在同质化、不充分性和推广困难等问题,这些问题在家综服务过程中开始出现(刘培伟,2010)。

从试点试行的协议到加快建设全面推开阶段有所变化。穗民〔2010〕320号附件3《广州市街道社区综合服务中心资助及服务协议(试行)》中指出各方的义务、权利关系,明确社区综合服务中心按照社会工作的理念、方法和技巧开展服务,但并未在协议书中详细规定服务的内容。服务质量标准按照《广州市街道社区综合服务中心相关参照标准(试行)》执行,详细制定了考核标准。试点阶段主要强调社区综合服务中心的硬件建设,如要求作为乙方的街道办事处完成场地安排、室内装修、设备配置等建设工作;甲方负责监督指导;丙方负责组建管理及服务队伍人员、提供服务。丙方需定期向甲方、乙方反映项目的执行情况及成效,并配合甲方或乙方委托的例行检查、中期及期末评估考核。

试点之后,大部分街道在协议中规定了服务内容,如某街道家综协议规定了长者服务(社区照顾)6720小时/年、劳动就业服务6328小时/年、家庭服务4918小时/年等,专业服务总工时量33808小时/年。服务质量标准也量化为人次、百分比和工时,如探访家访人数400人次、电访人数400人次,总工时为2000工时;咨询个案节数200节、咨询个数150个、形成个案总结报告150份、结案率100%;专业个案、小组、社区活动等都有不同的量化指标。服务质量涵括长者服务、劳动

---

① 来源于《关于印发〈推进我市社会管理服务改革开展街道社区综合服务中心建设试点工作方案〉的通知》(穗民〔2010〕213号)。

就业服务、青少年服务、家庭服务、义工发展服务、机构建设六个方面。对乙方的义务规定也更为清楚，规定家综配备人员20人，其中16人为社会服务领域相关专业人员。社会服务组织另配专家顾问和督导团队，配置至少3名社工督导。从试点到后期的全面覆盖过程中，合约越发规范和明晰，以指标量化评估家综的产出。但从20家试点复制到171条街道，模式的一致化（"3+2"模式及后面的"3+X"模式）导致问题出现的一致化，活动也具有较强的同质性，如从丝网花小组、广场舞大赛再到各种游园活动等。

试点与属地管理结合在一起，有着不同的风险管理逻辑。我国基层行政管理体制是属地管理，实行"条块结合，以块为主，分级管理"的行政管理体制，属地管理强调对属地内的管理对象按标准和要求进行组织、协调、领导和控制（尹振东，2011）。在与社会服务组织的互动关系方面，购买方也沿用这种属地管理的逻辑，对于购买服务的地域以及不同购买主体进行限制。激励打包会引发基层政府对于社会服务组织"属地化"的发展思路（黄晓春，2015），但在家庭综合服务中心的服务购买中，更多的是外部的社会服务组织通过承接项目的方式进入街道场域，政府部门是购买的主体。地方政府会对社会服务组织的服务存在观望或质疑的态度，而社会服务也会担心地方政府对其服务的限制，这在一定程度上影响了社会服务组织实际开展服务的独立性。地方政府还需考虑家综作为新的组织在社区中可能产生的风险，作为购买方，街道办事处需要掌握服务的方向，促使社会服务机构关注街区需求，解决街区问题。街道对于初期入驻的社会服务组织进行了严格的筛选，作为国内先行先试的典型，政府购买服务没有很多可借鉴的成功经验，而社会组织的孱弱也意味着承接社会服务的社会组织可能会出现较多的问题。笔者对截至 2014 年 4 月的数据进行计算，大概可分出三种类型的社会服务组织。

第一，高校背景的社会工作机构。一共 20 家社会工作机构，承接 63 家家综。其中，Z 机构承接 10 家；Y 机构承接 5 家；B 机构承接 9 家；D 机构承接 6 家。这类机构在专业知识方面见长，街道领导寻找高校成立的社会服务组织承接以避免失败，如 HC 街道办事处负责民政事务的副主任邀请 Z 高校成立的社会服务组织 Z 机构承接 HC 街道家综；HL 街道办事处在招投标前已经邀请 Z 机构一同装修中心场所。

第二，企业背景的社会工作机构。一共 34 家机构，承接 69 家家综。其中，以供销社转型的社会工作机构承接家综数量最多。供销社作为以往国企事业单位，与政府部门有较好的关系，也较容易获得政府的信任，如 HX 街道邀请 BF 社承接家综，采取了提前配合需求调研的策略，以使 BF 社能够较好地设计需求调研报告和运营方案。

第三，其他类型的社会工作机构。主要有群团组织背景、志愿者团体背景、街道自主成立的社会工作机构。由于机构背景的关系，这类机构与政府部门的关系更为紧密，执行与原机构类似的工作理念。其中，街道自主成立的社会工作机构是试点阶段采取的模式二，直接执行街道的指示要求。街道间接管理模式是原先直接供给服务的延伸，拓宽了原先部门内的领域，实现部门内的资源整合和边界扩大化。

在扶贫等经济领域的治理中，由于治理任务激增和资源不足，以及严苛的行政目标考核，地方政府面临的往往是外部环境风险和社会不稳定的强风险约束（吕方，2013）。社会服务领域不可能有直接及严格的产出体现，也就难以对地方政府实现严苛的行政目标考核。但对于税收转移的财政支出的交代是必要的，街道办事处结合街道内部要求，希望将新设立的家庭综合服务中心控制在可掌控的范围内，这导致了处于张力的治理情境特征。2011~2016年，评估的制度也在不断调整及变化，导致社会服务组织难以适应，这也是过渡治理情境的重要体现。政府需要改变原先的决策方式，但目标带着一定程度的不确定性，风险和失败都不可避免。在服务过程中，社会服务组织和社会工作者也处于半专业化的处境中。

第二节 社会工作专业制度发展与专业的社会服务

社会工作本身是有组织、有制度的为解决个人和社会问题而提供的一种服务，社会工作专业制度包括社会政策、价值伦理、培训、督导、专业服务等一系列相关制度。不同的社区工作模式基于不同的社会工作价值伦理，其发展也体现了不同阶段社会工作价值的衍化。

一 中国语境下的社会工作专业建构

社会工作作为一种组织技术，包括社会工作者在提供服务中所扮演的角色与协助服务对象改变的过程，其受到组织的目标、组织技术、权威和权力、决策的过程等要素的影响（Kathleen McInnis-Dittrich，1997：38~50），外在的专业制度规制与内在的专业能力建设对于社会工作专业的构建发挥着重要的作用。目前国内的学者主要从价值理念、理论知识、实务技巧和反思意识等几个方面对社会工作的专业能力进行论述（蔡屹、何雪松，2012；郓啸，2011；林诚彦、卓彩琴，2012；朱静君、阎安，2005），而没有对西方社会工作专业的本质属性进行回应。在非西方社会传统中，社会工作的发展面临不同的制度或文化元素，可能阻碍社会工作功能的发挥（Al-Krenawi & Graham，2001）。而中国社会工作的建构有着自身的路径依赖。很多学者也对中国情境下的社会工作本土化与专业化（雷杰，2014；童敏，2009；殷妙仲，2011）、社会工作的专业性（张宇莲，2009）及专业限制（古学斌、张和清、杨锡聪，2007）、社会工作的专业使命（陈涛，2011）及目前在中国的定位（曾家达、殷妙仲、郭红星，2001）进行了研究与讨论。

中国在发展自己的社会工作专业及服务过程中，必须制定一套自己的发展方案，以适应其独特的历史背景、特有的需求、政治形态、文化倾向和社会组织现状（曾家达、殷妙仲、郭红星，2001）。对于中国社会工作的发展，也应区分出不同层面的制度逻辑。从宏观层面来讲，中国的社会工作是行政性、半专业化的社会工作，面对的助人体系是由民间依据差序格局和由政府依据身份隶属关系原则实施的助人和互济的体系（王思斌，2007a）。目前的社会工作是一种嵌入性的社会工作，嵌入现有的社会管理体制和福利服务体系之中，存在制度、项目和服务三个层面的嵌入，暂时还缺乏专业社会工作发展的自由空间（王思斌、阮曾媛琪，2009）。中国的社会工作的发展离不开政府、社会工作学界和实际工作者三方的参与（王思斌、阮曾媛琪，2009），因此考察政府的社会工作制度对于理解中国的社会工作专业化具有非常重大的意义。从中观层面来讲，现有的社区治理制度需要重点关注，已有较多的学者就此展开了研究（郭伟和，2010；黄晓星、杨杰，2015；黄晓星、杨杰，2014；金家厚、吴新叶，2002；李慧凤，2010），认为组织边界不清（黄晓星、杨杰，2015）、复杂的街区权力关系

(朱健刚、陈安娜，2013)、社会工作者被动的策略选择（黄晓星、杨杰，2014）等都是影响中国社会工作专业发展的关键要素。有学者认为，中国的社会工作在现有的制度安排下最终发展出一种"实用专业主义"，现在的专业能力只发扬适合本土情境的专业能力、去政治化和技术化以及缺乏反思精神（雷杰、黄婉怡，2017）。

二 国内社会工作专业制度的建构与工具专业主义

社会工作的建构是一个由社会结构和个人参与相互影响而成的复杂体，通过社会工作与政治－社会－意识形态、机构－职业场域和案主－社工－机构三层场域之间的互动，社会工作建构的过程才得以发生（马尔科姆·派恩，2008）。前述政策中国家的治理逻辑、政策中关于专业的规制与基层社区治理逻辑构成了中国社会工作建构的宏观结构背景，其通过规范承接政府购买服务的社会工作类组织的管理行为建构社会工作专业。目前的国家政策极大地促进了社会组织的发展和专业性的提升，广州市的社会工作类组织在正式推行政府购买服务之后得到了迅猛的发展。但就专业性和专业能力的界定而言，广州市目前的政策文件中并没有非常明确的界定，只说明"按照社会工作的理念，为区域内个人和家庭提供全面、优质的社会服务，以满足个人及家庭多样化和差异性的需要"，由此可推断，政府有意将专业能力建设放归承接服务的组织，其主要是希望通过社区综合服务中心来整合社区资源，提供专业的社会服务。那么在现有的制度条件下，社会组织是如何建构以及建构了怎样的社会工作专业性呢？

1. 以政府为导向的工作范畴

社会工作主要是为了回应人类在日常生活中的需求，使个人与社会达到和谐，这也是社会工作的学科基础（丽娜·多米内利，2008）。在中国的特殊情境下，为了更好地获得政府购买服务的项目及提高组织的风险防范能力和开拓资源的来源渠道，组织会非常注重稳定与开拓市场，组织的管理层也希望各个家综能够保持与街道之间良好的关系，部分组织的负责人会经常到各个街道与街道的相关工作人员进行沟通与合作。作为项目负责人的家综主任也会参与到街道的日常民政会议之中，定期跟街道对接家综的工作人员进行沟通，其余社工还会对接一个居委会或物业管理公司、业委会等，进行日常事务的沟通，以便于多方主体更好地互动与合作。基层政府由于自身资源的限制及工作任务的繁重，更希望购买的项目能"为我所用"，因此，家综经常被要求参与到街道的日常工作、社区危机及突发事件之中，如"创文创卫""垃圾分类"等，家综在具体的服务中由于地理位置的邻近性及组织专业支持和行政支持的薄弱，会逐渐地倾向于听从街道的管理意见。在制度设计中，家综的年度计划与日常工作的开展需要不停地与街道进行沟通与协调，耗费巨大的时间成本，社工在具体执行计划时，项目目标设计、居民需求调研等成为形式，主要依据街道的意愿设计项目，回应街道的需求。

2. 以指标为导向的工作方法与选择性的工作安排

从现有的政策文件来看，政府对于承接购买服务的组织、购买服务的招投标的流程以及项目的评估、人员的配备、项目的产出等都有非常明确的可操作性的指标，但对于如何开展专业服务，即社会工作的专业性应该包括哪些方面没有任何细致的可操作性指标指引，即便在2016年最新的评估指引中，也仅仅是将个案工作、小组工作、社区发展等的数量作为专业服务的指标，而将问题解决、链接资源和意识提升作为项目服务的成效，宏观制度中对于专业性的模糊规定就给了具体执行层面极大的自由操作的空间。专业服务的界定是模糊的，但在指标的指引上非常清晰。家综项目与中心每年签订一次合同，合同中明确规定年度的目标和计划，需要明确一年内开展的活动的数量、活动的名称、活动的内容及参与人员等。而现有的评估实践中，侧重于合同的完成情况的评估，首先关注的是机构的人员到位、指标完成的情况，在此基础上会关注各个领域的个案、小组、社区工作开展过程中专业性的体现，其所占的分值并不高，专业方法的运用在每个领域的评分中仅占 18 分（满分 100 分），其余分别为需求评估、服务目标与服务设计、服务成效、服务产出、督导支持及上期意见整改情况。基于这样的评估体系，家综会把整体的服务重点放在服务设计逻辑及服务成效和服务产出上，而对于服务方法的专业化关注较少，在组织内部的制度执行上，也较少关注专业制度的执行，社工更多的是以完成指标为导向，忽略服务质量和专业素养的提升。

社会工作者的服务对象应该是那些在社会生活中面临危机的人，其主要的职责是支持社会的最脆弱的成员（丽娜·多米内利，2008）。但社会工作是嵌入国家制度之中的，其活动范围受到政府的政治目的和政治家所设定的目标的影响而有所变动，这主要取决于政府对专业的资源投入（丽娜·多米内利，2008：46），因此基于上述的制度安排，再加上现有的社工专业能力和实践经验较少，部分社区问题、人群问题复杂难解，其在具体开展服务时会有策略地进行选择，如在服务对象的选择上，以普通居民发展性的服务为重点；在服务方法上，更多地选择开展大型的、社区影响力大、专业技术含量较低的社区活动，年度完成率往往都会超标，而对于小组工作尤其是个案工作的完成率较低；在具体的文书写作上，侧重于对工作过程的记录，而对于理论分析、介入技巧、成效分析等都较少关注，并不能真正展示社会工作的专业性与社会工作的特殊属性。有研究认为专业的社工在进入社区的策略与技巧方面还不如原有的社区工作人员（朱健刚、陈安娜，2013），社会工作的专业性在社区普遍性的服务供给中面临较大的合法性危机。

3. 人才缺失与职业化中断，行业激励机制缺失

从事社会工作的专业人才必须接受社会工作的专业训练与具备一定的社会工作经验（顾东辉、王承思、高建秀，2009：27~31），只有受过系统训练的人才能获得专业的技巧和专业干预的垄断地位（郭伟和，2014）。目前，广州市并未形成社会工作人员的资质标准，主要是通过获得职业资格证书和行业协会的备案制度来获得社会工作从业资格，但对于从业年限和专业背景等并没有明确的要求。而现实中，广州市的家庭综合服务中心从2011年试点到2012年全面铺开，经历了快速发展时期，"每一个家庭综合服务中心内配备的人员2/3以上为社会服务领域相关专业人员，其中1/2以上为社会工作人员"，专业人才的储备跟不上行业的快速发展。各大社工机构都处于长期招聘的状态，[①] 从一线社工到领域主管再到家综主任都有较多的空缺，社工人才总体处于高紧缺和高流动（方英，2016）的状态。根据广州市家综2012~2014年的评估资料统计（雷杰等，2015b），在职人员当中，89%的社工年龄在30岁以下，在专业教育背景上，只有39%的社工为社会工作教育

[①] http://www.96909.gd.cn/sqfww/shegongzhaopin.asp，广州社区服务网"社工招聘"模块。

背景，高达41%的从业人员为其他专业背景，平均从业年限为2年，中心管理人员和领域主管从业年限较高，专业背景较好，而一线社工的从业年限仅为1.78年，[①] 目前从业人员的教育背景和专业经验的积累都较为薄弱。一线专业人员的服务年限较短与职业发展体系的制度设计紧密相关，《广州市社会工作专业岗位设置及社会工作专业人员薪酬待遇实施办法（试行）》（穗民〔2010〕229号）规定，社会工作者的薪酬主要根据职称级别及学历水平来进行界定，而没有从业年限不同的薪酬级别的界定，由于政府购买服务项目经费有限，加之项目中管理人员紧缺，所以有专业背景并且从事相关工作两年以上的基本都去从事管理岗位，若仍然坚持一线的社工服务，就意味着社工需要放弃薪酬的提高，不利于社工在一线专业服务上的深耕，也不利于专业经验的积累。

在人才培养制度和继续教育培训制度中，广州市社会工作协会（以下简称"广州社协"）受广州市民政局委托每年培养一个督导班的人才，向行业内输送社会工作督导人才，同时还有各种级别的专业教育培训，在培训制度上，广州市要求从业的社会工作者必须接受每年72小时的继续教育，但其对于继续教育的规定是模糊不清的，目前社会上的继续教育都是以碎片化的形式进行，属于查漏补缺式的继续教育，这种继续教育的方式对于接受过专业系统训练、具备社会工作基本价值观、掌握社会工作理论和方法、具备一定实务经验的社工而言，可能是足够的。但目前行业内专业背景出身的社工人才较少，大多数社工从业年限短，实务经验缺乏，需要的是一些系统性、

[①] 上述数据均为2013~2014年广州市海珠区、越秀区、黄埔区、白云区、增城区71家家综从业人员的数据资料，笔者未能获得近几年的社会工作人才队伍相关方面的数据。

有层次的继续教育，目前的继续教育体系中并没有这方面的职业培训。

4. 虚化的组织内专业制度与专业自主性

在组织实践中，为了更好地符合制度的要求，每个家综都会制定一系列的内部管理制度、专业制度、工作流程指引、社会工作伦理规范、社会工作文书套表等，但在实际的运作中，这些制度被"束之高阁"，只有在被评估的当天才得以重见天日，并且部分社工对于专业制度的内容并不清晰，唯一在日常工作中用得最多的社会工作文书通常社工也会选择不具备专业性且较容易操作的部分，而对于突出专业性的部分，如社会工作理论分析及预估方案等通常是寥寥数笔。

在专业能力建设方面，社会工作行政、社会工作督导、社会工作研究是支持社会工作专业的三大间接方法，也是社会工作的宏观专业制度体系，尤其是社会工作督导制度在社会工作的实践中具有重要的意义。作为实践知识的社会工作的知识并非来自对实务工作的观察，而是通过参与实务工作作为指导者向"初学者"解释和传授的个人知识（Nigel Parton、Patrick O'Byrne，2013：27）。国内专业社会工作嵌入社会管理体系和福利体系之中，专业社会工作发展的自主空间少，因此中国本土情境下社会工作督导不仅仅发挥教育、支持和行政性的功能，同时还需要承担专业社会工作的服务设计、专业社会服务需求的转化、日常专业服务的指导和专业服务的培训等工作（童敏，2006）。

广州市现有的制度中对于督导的角色与功能也非常重视，在《关于进一步做好街道家庭综合服务中心建设工作的函》（穗民函〔2012〕263号）中明确规定，在政府购买服务的经费中有"10%用于专业支持，包括聘请督导培训、社工入职培训和其他专业培训等费用",同时也规定了"新入职的正式工作人员必须安排不少于 5 天的入职培训,另每年必须安排不少于 72 小时的专业提升培训",依据招投标中对于督导资质的规定,可以看到 2016 年之前在实际操作执行中,符合督导资质的只有香港督导、本土高校社会工作专业教育的教师及广州社协督导班毕业的成员,且督导班毕业的成员不得在本项目内担任督导工作,依据笔者在评估过程中对督导记录和督导内容的查看,每个家综项目基本上都会配备三名督导,包括一名香港督导、一名高校督导和一名本土督导,香港督导主要负责专业技巧的督导和培训,高校督导目前主要负责服务的宏观设计,而本土督导主要负责具体的一线社工的督导,平均每个月 2 天到项目点执行督导的工作,平时主要通过邮件等对项目和服务的进展提供线上支持和文书写作的督导。但是社会工作者所面对的社区情境是复杂的,服务对象的问题和需求也是模糊不清的,再加上目前的从业人员生活阅历和专业经验都较为欠缺,而且从督导记录来看也主要是提供具体服务技巧和文书修改方面的督导,对项目的整体设计、服务需求的调研、项目的成效总结和机构的运营方面关注较少,目前督导的支持在实际的项目运作中是不够的,再加上督导悬空于机构的管理与实际服务的供给之中,与社工、管理层的日常接触较少,其督导的专业意见未必能在组织内得到有效执行,教育功能未能很好地体现。

在西方语境下,社会工作的专业特性会随着社会变化而改变,可能增强,也可能消退,但社会工作的专业性主要通过社会工作者在与案主的相遇之中的职业期望和社会过程建构而成(马尔科姆·派恩,2008),但其根本属性在于回应人类需求和社会问题的灵活性和多样性(Payne,2006:56),居民需求的满足及社工在其中扮演的角色是社会工作的主要立足点（顾东辉、王承思、高建秀，2009：4~5）。但在中国目前的情境下，在现有的组织行为、培训制度、职业发展体系及专业规制下，社会工作的发展逐渐脱离了回应社区问题和居民需求的根本，脱离了具体的社区实践与专业实践，主要回应了基层政府的需求以及唯指标化、办公室化与有选择地提供社区服务的工具性的专业主义。

5. 社会工作发展的专业化现状

我国的社会工作教育发展早于实际社会工作服务。在实际社会工作服务过程中，虽然有社会工作知识构成中的基本框架，包括社会学、心理学、管理学等不同学科的知识，但是，专业知识并不能很好地解决实际问题，甚至专业知识和社会服务几乎是完全脱节的。在实际服务中，也有社会工作者曾表示，专业方法更多的是存在于文书中。

> 其实家综很怕理论派，因为他们没有做过实务。他们不理解，觉得书本上的东西很难去实施，我看书中（社工资格考试用书）提到"社工要指导居委会"，还要管居委会，我看到这句话的时候觉得好搞笑，因为不太可能。实际和书本是不一样的。
>
> ——2015-12-16 广州市 Y 区 S 街道家综 G 主任

首先，就服务志向而言，社会工作服务的专业性在实际服务中难以被认同。服务志向是指专业所提供的服务能够与其他专业区分开来，继而回应服务对象的需求，服务志向主要是指专业所拥有的专业自主性。从社会服务组织及社会工作者所提供的专业服务与其他专业的区分度来看，社会工作的专业性在实际服务中很难体现出来。社会服务组织举办活动赢得了街道和居委会的一致好评。如 Y 区 S 街道 F 主任就表示，家综活动的开展能够减轻街道的工作任务，而且活动能够吸引很多老年人去参加，能够丰富老年人的生活。但社会工作的专业性并不应该只通过活动得到展现（2015-6-4 X 区 R 街道家综 X 主任访谈记录）。个案、小组和社区工作是社会工作的三大专业方法，但在现阶段，三大方法在社会服务层面更多的是流于形式的"指标式应付"。个案工作强调"陪伴与资源链接"，但怎么陪伴以及陪伴中问题的解决并未能够和理论知识很好地结合。在 X 街，迫于个案指标的压力，入职一年以上的社工都有个案指标，但只能以资源链接为主。小组工作则更多的是强调一群人在一起玩游戏、做手工、跳广场舞、学英语，虽然有些社会服务组织强调专业小组和兴趣小组的区分，但不论是兴趣小组还是专业小组，小组动力的形成和理论方法的结合在小组工作中均未能体现（Z 区 H 街道家综 Z 社工）。作为实习生的 H 在社工的指导下独立开展预防失智症的小组工作，但是从第一节开始，小组沦为小型的"社会活动"，其向社工请教的时候，社工表示这其实是一种常态，关键在文书中要把小组动力体现出来（2015-8-20 Z 区 H 街道家综实习生 H 记录）。社区工作在社区层面更是沦为社区活动，每逢中秋、国庆必然会举办各种庆祝活动，算作社区活动的指标，而社区工作所强调的动员和组织能力以及社区公共问题的解决则很少体现。

其次，从专业自主性来说，在实际服务过程中，由于组织自身的压力以及所掌握的资源有限，社会服务组织及社会工作者在回应服务对象需求方面也困难重重，难以形成自身的管辖权。在政府购买社会工作服务的背景之下，社会工作者所掌握的资源其实相对较少，而这些有限的资源难以回应不断扩大的社会需求。如在 Z 区 H 街道的访谈过程中，社工表示自己在工作过程中常常充满了无力感，对于某些有需求的个案，如外来工儿童的读书问题等，自己是没有办法解决的（2015-8-25 Z 区 H 街道家综青少年领域社工 Y）。在与政府互动的关系方面，由于政府购买社会工作服务的购买关系，以及现阶段过渡性的治理情境，社会服务组织在与政府互动关系方面处于被动地位。家综社工在对某些社区问题的解决过程中，往往需要看街道的态度进行。如 H 街道在小区缺乏物业、自组织被解散、小区垃圾无人清扫的情况下，需要问及街道的态度，然后再决定是否进行介入（2015-7-17 Z 区 H 街道家综实习生 L 实习日志）。

专业知识在解决问题中运用的不足以及社会工作专业服务志向中专业自主性受到自身资源和与政府的互动关系等方面因素的限制，导致社会服务组织及社会工作者在现阶段的社会服务过程中处于半专业化的境地，而这种半专业化的境地也影响自由裁量权在实际服务工作的运用以及社会服务组织和社会工作者的行动选择。

第三节 社区工作模式形成与选择

一 社会治理创新与社区工作模式选择[①]

珠三角地区不同城市开展社会管理创新实践，一定数量的社会组织承接了政府转移的职能，民办社工服务机构在 2013 年已达 303 家，2014 年更达 787 家（其中珠三角地区 713 家）。各市政府都在大力推动政府社会管理创新、开展政府购买服

---

① 参见徐盈艳、黄晓星（2015）。

务、推动社会组织发展,形成了各自不同的模式与特色。下面以五个典型城市的社区工作模式选择做简要分析。

广州市政府购买社会工作服务的特色在于通过项目的形式建立家庭综合服务中心,由市、区两级政府提供购买经费,根据不同区域公共社会事务及社会问题的需要,与社会组织签订合同,将相应的社会服务供给承包给具有资质的民办非企业社会工作机构。除此之外,2012年建立社区家庭综合服务中心132家;2014年增至166家(后面增加至171家)。广州市还设立了社会工作单项项目,采取了一种综合项目加单项项目的形式。

深圳市根据深圳的发展状况主要采取了购买岗位与社区服务中心并行的形式。根据《深圳市社会工作专业岗位设置方案》,社区工作者原则上"一站一社工",医院、学校等按"一院一社工""一校一社工"配置社会工作员。在社区层面,按服务对象数目一定比例配置社工岗位。现共建成社区服务中心476家。[①] 截至2014年底,登记民办社工机构135家,社工从业人员5268人,持证人数达7070人。

珠海市主要采取购买单项项目的形式进行,主要是由各个社工机构根据发展状况,向民政局慈善基金申请,项目批准之后,再由民政局从慈善基金中给予资金支持。截至2014年,珠海市持证社工总数为992人,社区服务中心数量为143家,民办社工机构数量为40家。

东莞市主要采取了购买岗位的模式,由服务需求单位上报政府购买服务目录,主管部门参考省财政厅购买服务暂行办法,根据东莞市实际情况对购买服务状况进行审核,最终确定

---

① 深圳社会工作网,http://www.szswa.org/。

购买岗位的数量。社工机构通过招投标的形式获得项目。至2012年末全市购买社工岗位302个；2014年增至1080个。2011年，东莞市制定了《东莞市社区综合服务中心示范点建设实施方案》，要求在"十二五"期间，建立100个社区综合服务中心，由市和镇街共同承担费用。2015年，东莞共建成社区综合服务中心45家。①

佛山市主要依据2013年《关于佛山市家庭服务中心建设的实施意见》，以项目管理或委托协议的方式推进，由市妇联牵头，镇街统筹选点，以小组工作的方式推进家庭综合服务中心的建设。截至2014年，建立家庭综合服务中心20家，各级项目社工团队共59人（未包含顺德）。②

五个城市购买社会服务的模式如表4-1所示。

表4-1 珠三角地区政府购买服务模式特色与运行机制

	广州	深圳	珠海	东莞	佛山
项目特色	综合项目与单项项目并行，以综合项目为主	购买岗位与社区服务中心并行	单项项目	购买岗位，后拓展到综合项目	单项项目/家庭综合服务中心/购买未来五年的发展战略，以单项项目为主
项目获得形式	招投标	招投标	向民政局申请项目	招投标	招投标/项目申请，由镇街进行统筹

---

① http://www.dg.gov.cn/business/htmlfiles/dgsgw/s38842/index.htm.
② http://www.fsfl.gov.cn/zwgk_1028934/ghjh/gzzj/201404/t20140416_4606241.html.

续表

	广州	深圳	珠海	东莞	佛山
服务内容	综合项目：老年、青少年、家庭三项基本服务+社区矫正、义工培训、社区康复等两项自选项目	青少年、老年人、家庭及社区内的各个特殊人群；居民社区融合、社区慈善、邻里互助服务、社区志愿者队伍建设等	青少年服务、居家养老服务	社会福利、社会救助、社会慈善、社区建设、残障康复、优抚安置、劳动就业、司法矫治、卫生服务、老年人服务、青少年服务、婚姻家庭服务等领域	以小组工作的形式推进以妇女为中心的家庭综合服务中心项目
主管部门	民政局统筹、团市委等参与	民政局统筹，市妇联、团市委、市禁毒办、市福利中心主导	民政局统筹，团市委、市妇联牵头	社会组织管理局统筹，各级政府部门参与	民政局统筹，市妇联主导
项目评估形式	暂委托广州市社会工作者协会组建专家队伍进行评估	深圳市民政局委托深圳市现代公益组织研究与评估中心组建专家队伍进行评估	机构内评估	东莞市民政局委托东莞市现代社会组织评估中心组建专家队伍进行评估	由市妇联评估/聘请外市的社工机构对购买服务项目进行评估

政府购买服务极大地推动了社会服务和社会服务组织的发展，形成欣欣向荣的局面。五个城市都是在《珠江三角洲地区改革发展规划纲要（2008—2020）》《民政部、广东省人民政府共同推进珠江三角洲地区民政工作改革发展协议》指导下大力推进社会管理创新的，但其推进的速度并不一致。《珠江三

角洲地区改革发展规划纲要（2008—2020）》《民政部、广东省人民政府共同推进珠江三角洲地区民政工作改革发展协议》两个文件的精神是借鉴学习香港社会管理经验，而五个城市往往学习香港经验的不同部分，以彰显城市社会管理创新的特色，如广州采用综合项目和单项项目并行、以综合项目为主，深圳以购买岗位和社区服务中心并行，珠海是单项项目，东莞是购买岗位（后续增添了社区服务中心作为项目的形式购买），佛山则是单项项目为主、家综为辅。五个城市分别学习香港，却是竞争性地学习不同的方面，与国外公共政策传播不同。形式上不同，内容实质上却体现出政策自主性的因素。

广东省创新社会治理政策变迁体现在社会组织上即推行社会组织直接登记。2012 年 4 月 25 日，中共广东省委、广东省人民政府印发《关于进一步培育发展和规范管理社会组织的方案》（粤发〔2012〕7 号），改革传统管理体制，从 2012 年 7 月 1 日起，将业务主管单位改为业务指导单位，社会组织准入门槛放低、登记程序简化、不需要主管挂靠单位，直接向民政部门登记。方案中分类登记的组织一共有七类，其中对于公益慈善类和社会服务类社会组织要求去行政化、去级别化，增强服务功能，并把管理权限进一步下放到市区政府。广东省的制度改革部分去除了对社会组织的规制，使各个城市政策上呈现较多的自主性，拓展了社会组织发展的空间。

在这样的背景下，各城市的社会组织才有了生存的空间。但从政策文本及笔者的实地调查中发现，不同城市对社会组织的控制程度呈现较大差异，社会组织自主程度不一。自 2011 年以来，广州、深圳颁布了一系列的文件和办法，废除一系列的限制性条件，准许社会组织直接登记注册；通过购买服务为社会组织直接注入不同资源，促进社会组织自我发展。广州、深圳凭着自身较强的经济实力和对社会工作发展的较高认知程度，对购买服务的承办组织限制不多，极大鼓励社工组织的壮大。而从2009年到2014年的情况可见，广州、深圳的社会组织数量是最多的，发展也最快。

其他城市也在逐步推进政府购买社会工作服务和治理创新，但在时间点上相对于广州、深圳来说较靠后。时间点往往决定了政策的选择，而政策制定的时间往往涉及政策制定的自主性问题。从学习香港的时间观察，深圳走在前头。深圳由于毗邻香港，有着天然的优势，在2005年、2006年已经开始考察香港社会体制改革的经验，走在第一位，并形成了自身的经验特色，成为内地城市学习的榜样；东莞其次，但其主要依循深圳模式，发展的推力一大部分来源于深圳，如深圳社工机构转战东莞，出台了社会工作"1+7"文件。广州、佛山出台了"1+5"文件。珠海则独立出台了"1+2"文件。

二 综合服务（项目购买）的社区工作模式：广州的社区工作模式选择

（一）项目购买的综合服务设计

《推进我市社会管理服务改革开展街道社区综合服务中心建设试点工作方案》提出："按照共建共治、互信合作原则，逐步形成政府和社会组织在社会管理服务上的伙伴合作关系。"伙伴关系是文件的重要关键词，突出强调社会组织的能动性，社会服务逐步从政府直接提供为主转向购买服务。政府逐步构建与社会组织协同治理的新格局。治理空间在逐步产生，政府的职能边界也在逐步收缩，进一步释放出社会组织发展的空间。

在财政预算安排方面，市区财政合计安排试点资金 4000 万元，由市与区两级财政共同负担，市本级财政与越秀、海珠、荔湾、白云按照 5∶5 比例负担，与天河、黄埔、番禺、花都按照 4∶6 比例负担，与从化市①按照 8∶2 比例负担，与增城市②按照 6∶4 比例负担，南沙、萝岗由区全额负担，按照上述比例市级财政负担 1700 万元，各区财政负担 2300 万元，社区综合服务中心的方案制定评估，试点中期、末期评估由市民政局委托第三方中介机构进行，评估经费按总资金 4000 万元的 2% 计算，共计 80 万元。

试点的社区综合服务中心基本上采取"3 + X"的模式，老年人服务、青少年服务、家庭及义工培育与发展服务是任何一个社区综合服务中心必然要实施的三个项目，并且在项目合同上有明确的规定，在购买服务的一年内完成合同规定的个案数、小组数与社区活动次数，而 X 则是社区综合服务中心按照社区实际情况自选两个或以上其他项目，有社区康复服务、社区矫正服务、外来工服务、就业指导服务等。要求各社区综合服务中心提供的服务范围包括支持性服务、预防性服务、发展性服务、治疗性服务等。

试点主要采取两种模式：模式 I 是政府购买服务方式，即社区由区政府或委托区民政局以项目管理和购买服务的方式向社会招投标，社会组织通过竞投标取得社区综合服务中心的经营权，原街道社区服务中心的事业编制、人员转入街道的其他事务管理类事业单位；模式 II 是社区综合服务中心由街道办事

---

① 2014 年 2 月 12 日，撤销县级从化市，设立广州市从化区。
② 2014 年 2 月 12 日，国务院同意撤销县级增城市，设立广州市增城区。

处作为主管部门，成立民办非企业（独立法人）单位进行管理，原街道社区服务中心的事业编制、人员可转入街道的其他政务管理类事业单位或送派到社区综合服务中心工作，对送派到社区综合服务中心工作的原社区服务中心编制人员，仍按事业单位工作人员的相关规定进行管理。在 20 条试点街道中，采取模式 I 的有 9 条街道，采取模式 II 的有 11 条街道，基本维持平衡。

2011 年，笔者在走访街道的过程中发现，由于在实际操作中，各个部门对于政府购买服务的模式及各部门利益、各社区的具体情况的不同，实际上政府购买服务中的具体操作不止这两种模式，模式 I 政府购买服务，将 200 万元资金全部给社工机构，由社工机构完全负责综合服务中心的运转，独立对外承担责任与负责人员的招聘、服务的提供及资金的运作，但可细化为两种，一种是由高校注册社工机构，依托高校背景，在中心开展服务；另一种是由企业注册社工机构，依托企业雄厚的资金来源开展服务。模式 II 街道间接管理也可细分为三种，第一种是街道派一名工作人员作为综合服务中心的行政主任，负责提供场地、行政工作及具体的资源调配与链接，同时负责监督与协调综合服务中心的工作，但是具体的服务以扣除水电费与场地租金之后的金额全部打包由社工机构承担，由社工机构负责人员的招聘与服务的提供，街道基本不干涉社工的具体服务；第二种是街道利用本身的资源注册民办非企业组织，由街道本身负责管理与提供服务，社工人员的招聘与具体的服务都由街道本身承担；第三种是由街道间接管理，街道利用本身资源注册民办非企业机构，仅将其中的某几项服务以招投标的形式交由社工机构来承担，自己负责提供剩余的服务。

通过笔者的调查，上述模式及其优缺点如表4-2所示。

表4-2 模式Ⅰ与模式Ⅱ细分模式及优缺点

模式	细分模式	优点	缺点
模式Ⅰ：政府购买服务	高校背景的社工机构：机构总干事和理事会成员的绝大多数或者理事长为高校教师，由高校教师牵头注册成立社工机构，如BJL街（ZD社会工作服务中心）、J街（SS社会工作服务中心）	1. 专业知识丰富； 2. 人力资源比较充沛（包括社工及督导）； 3. 社工成长较快，对机构比较认同，人员流失率较低； 4. 社工待遇稳定，能按照广州市的"1+5"文件执行； 5. 政府、广州社协对机构承担的项目评价比较高； 6. 督导形式多样	1. 与街道、社区的管理比较难处理，两者的工作理念存在冲突，街道若比较认同社工机构，服务效果较好；街道若不太认同社工机构，管理干涉过多，则冲突较大； 2. 资源的整合存在一定的困难
	企业背景的社工机构：由企业注册成立的社工机构，如X街（H社会工作服务中心、G社区综合服务中心）	1. 财力比较雄厚，在资金的周转上不存在太多困难； 2. 政府对该模式较赞同，期望借助企业的资金发展社工机构，支持其发展	1. 缺乏专业背景，社工理念、价值观缺失，用办企业的理念办社工机构，对于招聘的人员的专业要求不高； 2. 社工对机构的认同感比较低； 3. 提供的服务不够专业，缺乏督导； 4. 在社工人员的管理上存在问题，拖欠工资及不按标准发放工资的情况时有发生

续表

模式	细分模式	优点	缺点
模式Ⅱ：街道间接管理	街道提供场地，负责具体的行政及资源的联系、链接、协调，引入专业社工机构提供专业的服务，如H街（Q社会工作服务中心）、F街（F社会工作服务中心）等	1. 资源整合比较好； 2. 社工待遇稳定，按照广州市"1+5"文件执行，FY街的社工福利按照居委会编制执行； 3. 人员的流失率低； 4. 督导执行较好，社工成长较快； 5. 经费来源比较充足，除了政府购买服务的200万元之外，通常还有其他的资源与经费的来源	行政干预太多，妨碍机构开展专业的服务，与街道的磨合需要时间
	街道自身注册民办非企业，由街道自身负责服务的提供、人员的招聘与资金的运作，如N街（N社会工作服务中心）	1. 场地比较大，街道领导重视，资金的来源比较充分且有保障； 2. 社工待遇稳定	1. 对社工理念不理解，难以提供专业的服务； 2. 街道领导存在依靠社工机构的资源获利的想法，社工机构的发展较大程度上依赖政府的态度，机构的独立性缺失； 3. 督导制度难以得到执行
	仅将部分服务外包，如L街（D社工服务中心）	—	1. 难以保证资金及时到位； 2. 社工待遇低，难以跟上广州市相关规定； 3. 社工同工不同酬，政府间接管理的社工与外包服务的社工工资待遇存在差别，发放工资的时间也存在差别

典型的家综服务板块设计如图4-1所示。

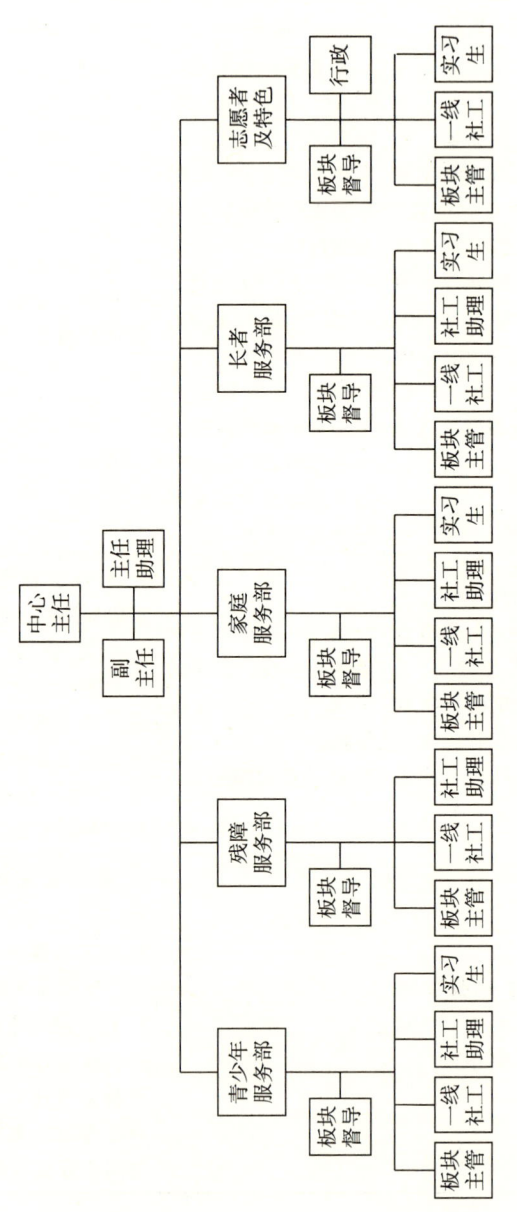

图 4-1 典型的家综服务板块设计

《推进我市社会管理服务改革开展街道社区综合服务中心建设试点工作方案》提出不同部门的职能安排,市民政局统筹、市政研室等负责理论指导、财政局负责预算安排、发改委等负责纳入规划、不同部门负责街道对接等。因此,政策出台首先是政府部门横向的协作。从服务成效及社工机构对于政府态度的反馈来看,无论采取哪一种模式,政府的支持对于社工机构的发展都是非常重要的,政府与机构良好合作关系的建立是推进社区综合服务中心发展的一个非常重要的内容。从社工机构本身来看,人力资源上的保证是机构发展的一个非常重要的问题。这两种社区工作模式是中国本土化社会工作在政府购买服务推动下发展而来的,改变了社区工作的原有状况,但也伴随着程度不一的问题。

(二) 基于群体需要的服务设计逻辑

在该社区工作模式的设计理念下,不同街道和社区开展了不同的服务,以回应社区群体的需要。社区对青少年、长者、家庭(妇女儿童)等不同群体都有服务的要求,根据不同类型社区,设置了相对应的指标,下面以四种类型的社区为例,服务机构开展了有针对性的群体服务。[1]

1. 传统城市社区(老城区)的社区照顾模式设计

老年人群体是传统城市社区(老城区)的典型群体,其对应的典型需要也是与养老相关的需要。已有研究已经指出,成年子女是年老体弱父母的最主要照顾者(黄何明雄、周厚萍、龚淑媚,2003),但现阶段很多家庭纯粹依靠家庭养老已经难以满足需要,资源较为不足,家庭养老存在较多局限,需要建立社会养老的制度作为支援和保障(熊跃根,1998)。居

---

[1] 根据家庭综合服务中心评估报告及访谈材料整理。

家养老是现阶段重要的养老模式,与机构养老相对,倡导以家庭和社区照顾为主,为老年人提供照顾(周春发、付予光,2008)。

　　LR 街 D 家综针对片区老龄人口比例大的状况,以社区照顾为介入模式,设计长者群体的服务。在直接服务方面,为社区弱老提供各种照顾服务,使其能够在社区内较好地生活,提升其生活质量。社会服务机构力图联合各个部门,推动社区中不同群体关注长者中的弱老,提供慰问、送餐、保洁等义工服务,并提供照顾、物质支援、支持和关怀等。社会服务机构将社区照顾分为"在社区内照顾"和"由社区照顾"。其中"在社区内照顾"包括:①行动照顾,如开办长者公益饭堂、协助长者申请各类服务、申请爬梯轮椅服务、与社区医院合作开展各类健康知识学习等;②协助长者从正式资源中申请政策和经济资助、链接正式资源慰问社区有困难的长者,为他们送上生活必需品;③在心理支持上,为有需要的长者开展心理支援服务,例如,心理个案辅导、怀旧小组、哀伤辅导等;④在整体关怀上,开展居家安全教育和改造活动,链接公安局、消防局等专业资源开展防诈骗、消防安全教育等服务,提供临终关怀服务。"由社区照顾"包括:①行动照顾,发动社区中不同群体关注弱老家庭,链接社区中资源为弱老提供服务,给其家属提供支援服务;②在物质资源上,通过"公益士多"项目等为弱老提供物质支援;③在心理支持上,通过义工队等定期探访长者;④在整体关怀上,构建邻里互助网络。

　　在 D 片区中,需要满足较为有效的是辖区中社区长者公益饭堂的开设及运营,能够为社区中 400 多名有需要的高龄、独居、三无孤寡、行动不便等困难长者提供膳食服务。LR 街长者饭堂在 2012 年设立,为社区内老人提供爱心午餐,2019 年又加入了早餐，覆盖 D 片区长者，初步解决"吃饭难"的问题。在解决吃饭问题的同时，D 片区组建送餐义工队和手工义工队，推动长者互动，退休长者发挥余热"以老帮老"，如 67 岁的黄先生 6 年来为 9600 人次长者送餐，志愿服务时间超过 2000 小时。① 通过长者饭堂解决基本的吃饭问题，通过义工队的组建等满足退休老人的社交需要、自我实现的需要等。

针对现在的老龄化问题，广州在各个街道社工服务站设置长者领域，同时还设置了长者综合服务中心，以匹配该群体的需要。这两部分都通过政府购买服务方式由社会工作机构来提供服务，回应了以往由居委会等主体提供服务在需要满足上的欠缺和无效。在不同街道中，基本的群体领域都会涉及，在此不一一赘述，只挑取典型社区中的典型群体及需要满足进行分析。

2. 单位型社区与退休职工的社区参与服务设计

单位型社区与传统城市社区有点类似，单位制时期兴建的楼宇处于年久失修的状态，缺乏物业管理。而与传统城市社区不同的是，单位型社区具有强势的单位文化和社会关系，存在其他社区所没有的资源禀赋。针对单位型社区，需要满足与服务的匹配则在于如何充分调动已有的资源，为辖区内群体提供服务。

BC 街家庭综合服务中心针对 D 社区老龄化（超过 40%）的情况，针对独居、孤寡等 49 人提供社区照顾服务，策划了"爱心小饭桌"长者关怀项目，为社区内空巢、独居、孤寡、残疾等弱能老人提供服务。该社区为典型的单位型社区，家庭综合服务中心充分利用了单位型社区的禀赋资源，采取"社

---

① http://gdgz.wenming.cn/zyfw/201812/t20181218_5604282.html.

工＋义工"联动模式，每名社工和一名义工结对定期探访老人，共同制作爱心食品，并通过不同单位链接社区资源，建立社会支持网络，促成社区互助的实现，进而实现"由社区照顾"。广州D厂原先是较大型的国企，其中有较多的党员，退休党员成为义工队伍的重要组成力量。家庭综合服务中心及居委会等充分发挥党建的优势，以退休党员为义工领袖，发挥其余热，并推动他们参与到社区管理和社区服务中来。这也成为D社区的品牌服务。

在需要满足的社区服务体系设计中，多元化的社会组织是重要的服务提供主体，社会服务组织是资源动员的有力撬动者。从街道、居委会到社会工作机构及其他社会组织，再到辖区内的社区领袖、义工队伍，社区服务体系的多层次性彰显，在不同层面上满足了不同群体的需要。

3. 物业小区与多群体的服务活动

物业小区是较为典型的城市社区，异质性、陌生化等特征较强。通过住房商品化等的市场分配力量，物业小区更多呈现与房价相匹配的阶层特征。在现阶段的物业小区中，群体年龄结构相对年轻，老龄化比例相对于其他类型社区来说较小，而彰显出较强的家庭需要。

X街北片区家庭综合服务中心在2014年的调研中发现，家庭领域的普遍需要是改善亲子关系、养生、休闲娱乐、社交等。针对这些需要，中心在2014年设计了亲子同乐系列计划、健康养生坊、居家探访计划、幼儿园/小学合作计划、夫妻关系系列服务等一系列的服务，为家庭提供支持。中心将家庭领域三年总目标设置为在"亲子关系、夫妻关系、邻里关系和社区关爱"四个层面上促进家庭潜能的发展，通过这些目标的设置满足家庭的发展需要。在与居委会合作的过程中，针对某些城中村社区，中心也纳入了困难外来工家庭的服务，但该服务并非中心的主要服务。

这种社区服务类型的设置具有典型的物业小区服务特征，通过专业化的服务促进家庭的发展，需要满足的类型更多的是发展的需要，而非特殊的需要。在普遍化的服务中关注特殊服务群体，如单亲家庭、残障家庭等。

4. 村改制社区（城中村）与外来人口服务

在城市发展过程中，大量流动人口进入城市。在广州等大城市，外来人口聚居的区域主要为城中村和城郊接合部等。流动人口是城市人口增长的主要动力，其在城市中的聚居类型也越发多元化，但当前流动人口聚居区面临空间失配、居住环境恶劣、基础公共服务设施严重缺乏等问题，阻碍了流动人口市民化进程（赵美风、戚伟、刘盛和，2018）。针对正在城市化的区域，对外来人口的服务是典型的群体服务，也是广州很多家综选择的社区特色项目。

增城区 Y 街家综将新广州人服务作为特色领域，新广州人领域的社工通过需求调研，发现外来人口存在社会支持薄弱、来穗子女的城市适应力有待提高（尤其是安全问题等）、来穗家庭的家庭矛盾尖锐、随迁长者的社会功能被忽略等问题。针对这些问题，家庭综合服务中心提出的领域年度目标为"个人融入企业、子女融入学校、家庭融入社区、群体融入社会"。针对失业人士，家综推出失业人士再就业计划，提供就业培训；针对来穗的子女，家综与学校、社区等合作开展主题活动、关爱活动，开展一系列的兴趣小组等；针对来穗人员家庭，家综推出"我爱我家"构建和谐家庭计划，设计一系列的亲子活动，提供围绕家庭关系的亲子辅导等；针对随迁长者，家综组建长者志愿者队伍、设计适合长者参与的活动。

花都区 X 街针对随迁老人展开服务，家庭综合服务中心通过调研发现，"老漂族"主要为低龄退休长者，与子女一同移居到城市之中，对粤语不熟悉，语言不通。这个群体对社区也不熟悉，缺乏资源，社会适应能力较弱，很难融入当地社会。他们对社区资源也不了解，接触不了社区服务。针对花港社区"老漂族"人口比例较大的情况，社工在花港社区设计了"花港老漂族社区融入项目"，与居委会合作（居委会提供经费支持），有重点地开展服务。同时，社会事务科将老年工作列为工作重点，社区教育中心也重点关注长者群体，家庭综合服务中心联动秀全日托中心、日托中心流管中心等部门共同为"老漂族"提供服务，提升需要满足的有效性。在具体的服务设计方面，2018 年家庭综合服务中心设置了四个平台，包括"他乡遇故'音'"老年学校、"五彩缤纷"异乡文化交流团、"秀全新义力"之暑期夏令营义教团、"秀全新义力"之安全卫士平安志愿者队伍。这些服务的主要目标在于构建"老漂族"的社会支持网络，促进其互助和提升归属感。

针对外来人口的服务主要强调城市化进程中不同群体的融合和适应问题，使其接触到本地文化，获取生活所需，同时增强对当地的认同感和归属感。除了家庭综合服务中心的领域服务之外，工会等也在不同的地区购买为工人提供的服务，共青团则购买为辖区内外来工子女提供的服务，也有通过社会工作机构提供的单项的社区教育服务等。

第五章
社区工作模式中的社会服务组织定位

下面这段记录是摘自 2014 年 5 月 23 日对广州市 BC 街家庭综合服务中心主任 WJB 的访谈记录：

> 家综跟政府目前不清楚各自的边界，政府出钱购买，把一些服务居民的东西更专业地突出，这是政府改革的一个发展方向。具体怎么推进，需要双方不断地探讨和适应……（家综）就是"编制外的一种事业单位"的感觉，未必是一个纯粹的市场经济行为。家综需要配合街道做一些工作，不单纯是独立的个体。目前还不能完全脱离政府指导去运作，依靠政府培育而存在。当这些组织成熟起来的时候，可能的方向是它会很放心、很完全地让你自己去操作。当你们刚刚进来时，它可能会去协商，会把一些不单纯是社工服务的要求也给你。两个团体之间需要不断去磨合，要清楚自己的角色分工。我跟居委会这样的角色分工慢慢地越来越清晰。
>
> ——2014-05-23 WJB 访谈记录

这段话彰显了家综在社区中的定位困境：一方面，家综被当成"编制外的一种事业单位"，但努力与政府划清边界；另一方面，专业、突出的社会工作服务要求社工与服务使用者之间保持专业的关系。这两个议题是中国社会工作本土化和专业化过程中出现的典型问题，作为西方舶来品的社会工作在本土情境中出现水土不服及变异的情况。本章探讨社区工作模式中社会服务组织的定位以及后续如何影响社会服务供给。

第一节　社区治理情境与社会服务组织定位

当代中国最显著的特征是经济建设与社会建设并行，在经济高速增长的前提下，急剧涌现出一批社会组织，社会组织的发展总体上呈现为在曲折中不断增长、突飞猛进的过程（王名等，2014：5）。它们深刻反映了中国社会治理结构的变化，即由国家垄断的公共领域治理权力开始部分地让渡到社会服务组织手中，尤其在经济成果突出的城市地区，社会服务组织已然成为提供政府出资购买服务的主要工具，政府购买服务成为其得以生存的制度性安排和主要资金来源。

因此，关于政府与社会服务组织之间关系的探究不断出现，这类研究认为社会组织应该具有一定的独立性和自主性，强调政府与社会组织之间应当具有明确的边界，在服务供给过程中表现为一种"伙伴关系"状态。但在中国情境下，专业社会工作嵌入街区治理体系后，陷入"外部服务行政化、内部治理官僚化、专业建制化"（朱健刚、陈安娜，2013）的困境。于是，社会工作界出现了两个重要的分析趋势：一是从政府职能出发，认为公共行政问题本已将大量的社工机构或社会组织包含进来，已经超出了政府作用的边界，从而使得组织间界限不清、边界混乱；二是强调中国社会组织在经济上和功能上过于依赖政府，通过刻意模糊与基层政府组织（包括居委会）之间的边界来应对生存性压力。

但无论从哪种立场出发，中国社会组织都是作为一种政治诉求而得以发展的，政府在权力轴上是"处于操纵地位的组织"（command posts），对从属性社会组织具有显著的影响（鲍威尔、迪马吉奥，2008：266），加之中国长期以来形成的政社合一传统，政府的规制性作用被烙印到社区治理体系之中，边界不清成为普遍的现实。但在新自由主义和新管理主义思潮影响下，公共服务供给效率的提升依赖于部门之间的合作，而合作的前提在于主体性地位明朗、边界清晰，于是中国社会组织不得不经历重构与政府组织关系的过程，主要体现在其对于资源和规则的运用方面。

一 社区内不同组织间关系：从模糊到清晰

改革开放以前，中国社会中的社会组织基本上都是各种类型的单位组织（李汉林，2004），结构单一、功能一致、基层政府组织与社会组织之间高度一致。改革开放后，市场的出现为社会组织发展提供了社会空间，即萨拉蒙所认为的"占据介于市场与政府之间的社会空间的各种社会组织"（莱斯特·M.萨拉蒙，2008：5）。社会组织在资源和规则的运作过程中逐步生产出自身的边界。也就是说，经济体制的改革产生了许多游离于传统单位体制外的多元利益主体，他们掌握着大量的自由流动资源和空间，政府与这些多元利益主体之间形成了权力真空和信息的阻塞，因此社会组织的桥接作用得到重视和凸显，这种重要性是与国家政治体制改革并行不悖的。具体在社区中，单位制解体之后，国家重塑基层社会管理体制，通过"组织边界扩大化"与"组织去法团化"实现国家在基层的权威重构，国家依然可以将其力量渗透到街区乃至市民的日常生活

（何艳玲，2006）。在社区治理体系中，政府的规制作用鲜明地烙印在社区治理体系之中，边界不清成为普遍的现实。

就家综的资源而言，家综在政府购买服务框架下得以井喷式发展，其发展源泉主要是政府购买服务经费，每个街道政府购买服务经费为每年200万元，部分街道多于200万元，由市、区两级财政根据不同比例出资，为规范购买服务流程和具体细则，广东省相继出台了《政府向社会组织购买服务暂行办法》、《广州市政府购买社会服务考核评估实施办法》和《广州市街道社区综合服务中心实施政府购买服务流程规范（试行）》等政策，明确指出由市、区两级政府的工作部门、派出机关和授权机构代表执行政府购买服务。其中街道办事处的职责在于组织开展辖区内服务的需求评估、测算服务成本、规划服务总量、设置服务项目；对家庭综合服务中心的服务计划、服务效果、资金使用等进行日常监督管理。对制度安排和政府资源的高度依赖加深了与政府组织之间的暧昧关系。

就功能定位而言，广州市政府购买服务从2008年开始推行，最初以购买单项服务为主，如"青年地带"等，2009年开始学习香港模式，以"社区综合服务中心"（家庭综合服务中心前身）为载体来为居民提供全方位的服务，但是"社区综合服务中心"的最初目的是对公务员系统和事业单位系统进行改革。

> 当时比较常见的是"三中心、一中队"，那么"三中心、一中队"最大的改变是什么呢？最大的改变就是原本管劳务的政府中心与服务中心的分离……有一个街道的一站式政务中心，做的比如说劳动保障、生老病死、咨询、

居住证等，它有这样一个中心，也就是说，原本我们的社区里面的服务并不少，但是以管理为主的只有政务中心，以服务为主的最初只有文化站这一类的工作，然后是义工服务队等，就是没有一个专项的服务中心的形式。

——2014-12-10 LBP 访谈

因此，家综首先是作为政务分离改革的目的而存在，部分政府行政人员开始分离出来，服务被更多地转移到社会组织手中。而这些分离出来的政府行政人员，大多选择通过承接政府购买服务项目来运作社会组织。所以当国家开放出一定的社会空间时，这类社会组织成为最大的受益者，因为国家也希望看到社会组织有序受控地在国家期望的轨道内发展（管兵，2013），而它们本身烙下了政府管理和运作的印记，实质上并未与政府部门脱离。

很多人都说你是民间机构嘛，民间机构就应该脱离政府去做更多的东西，才能确保自己的中立性。但我不这样看，你要知道我们讲的这种中立性跟公平、正义是建立在某个基础之上的，而这个基础就是政治基础。

——2014-12-10 LBP 访谈

由此可见，中国政府对于社会组织发展的影响是极为关键的，政府主要通过法团主义的方式来对此进行管控，强调政府对于社会组织的统一规划（顾昕、王旭，2005）。然而，政府与社会组织之间的关系会随着时间和空间的变化而产生差异，也会随着社会组织发展体系的不断成熟而适时调整。

他们（高校老师）觉得（家综）应该独立出来去做一些东西，但是，本来建设里面它就是街道的一个分站点嘛，你要怎么成为伙伴呢？你的服务做得好，你能够提供更多的资源给它的时候，甚至街道提供的资源跟你对等的时候，到那一天你才是一个伙伴。

——2014-12-10 LBP 访谈

但制度边界的开放同时也将许多不具备社会组织资历的组织纳入其中，社会组织发展不一、参差不齐，而国家又尚未完善与此相配套的应对机制，于是在公共服务供给过程中，"依附性自主"（王诗宗、宋程成，2013）成为社会组织获取生存机会和不断建构与政府部门之间关系的主要运作机制，而"摸着石头过河"则是最普遍的状态。

QC 社会工作服务中心为了响应先行先试的政府购买服务，于 2008 年 2 月在广州市成立，经过 7 年的探索与发展，已经成为广州甚至全国社会工作机构的标杆，在社会服务领域颇负声望。其总监认为：

机构从成立至今，已从探索期进入较稳定的发展期，成立之初，我们对于民间社会组织以怎样的形态存在，发展方向如何，没有清晰的认识，只能在忙碌的筹建日程中，摸着石头过河，随机应变。

——2015-4-20 摘自 Q 社会工作服务中心年报

在"摸着石头过河"的过程中，社工机构大多处在对政府购买服务的"探索"和"摸索"的初级阶段，对 2015 年前的访谈记录进行编码（2015 年第一周期结束，也是家综实践的最初阶段),笔者的发现如表 5-1 所示。

表 5-1 处在初级阶段的家综状态

相关词汇	出现频次	与之相关的内容(不分先后)
探索、摸索	39	1. 政府购买模式;2. 与政府部门(包括居委会组织)关系;3. 社工组织生存模式;4. 服务提供内容;5. 与社区居民关系;6. 中国社会体制转型;7. 中国社工生存之路;8. 家综与单项服务之间的关系;9. 开办社会企业;10. 适合家综的评估体系
上轨道	14	1. 适应社区特点;2. 顺利开展服务;3. 发展服务品牌;4. 良性政社合作关系;5 服务对象认可
尝试	28	1. 界定专业关系;2. 提供专业服务;3. 与街道政府打交道;4. 发展服务品牌;5. 开办社会企业

于是,无论是在组织关系层面还是服务传输过程中,原先固有的西方社会工作体系在指导中国社会工作服务时,都必须经过不断"探索"和"尝试",而且这种指导只是提供了华丽的外表,并没有搭建好与中国社会情境相通的桥梁,因为中国社会工作专业社会服务仍然扮演着"盲人"的角色,需要摸着石头才能过河。

二 不确定的关系:资源与规则的运作

与西方社会结构不同,中国社会组织弱化、国家与市场容易结成同盟,中国的国家-社会关系呈现为一种"含混-谋略型"的关系形态(黄晓星,2013),表现为基层政府组织与街居社会组织之间的策略性互动行为。

（一）动态性运作：组织间的伸缩通透

中国社会建设的直接体现是基层社会治理，即社区治理，集中体现为新兴社会组织与传统街居权力主体之间的策略性互动。这种互动过程又远远比人们真正认识到的更为深入，因为随着国家政治体制的改革以及社会组织的成长，组织之间的边界出现了"伸缩通透性"（施芸卿，2013），表现为社会组织对于资源与规则的动态性运作，也即原先由国家垄断的自上而下的边界渗透已经出现弹性趋势，社会组织也可以在驾驭自我边界的过程中形成自己的话语体系，而这套话语体系正是在中国情境下与不同组织特别是政府组织之间的边界关系中建构产生的。

家综的整个服务供给过程中——招投标、服务供给、评估——每一个阶段街道政府都对承接机构的生存性产生巨大压力，但这种压力并非不可调适的，边界的不确定为家综和承接机构提供了弹性运作的可能，这种运作恰恰又是边界生产过程的表现。

2014~2015 年，笔者搜集"广州市社区服务网"上最新公布的所有中标项目的"最低服务工时"，分别在各个区选择 2 个项目进行整理，得出如表 5-2 所示的表格。

表 5-2 广州市家综项目中标机构及其最低服务工时

单位：小时/年

	招投标项目（街道）	所在区域	中标机构（供应商）	最低服务工时
1	金花街道	荔湾区	广州恩善社会服务中心	30131
2	逢源街	荔湾区	广州市荔湾区逢源人家服务中心	25100

续表

	招投标项目（街道）	所在区域	中标机构（供应商）	最低服务工时
3	梅花村街道	越秀区	广州市越秀区思媛社会工作服务中心	30184
4	北京街-广卫街	越秀区	广州市启创社会工作服务中心	28098
5	正果镇	增城区	广州市绿橄社会工作服务中心	25416
6	朱村街	增城区	广州市大德社会工作服务中心	24429
7	东区街	萝岗区	广州市萝岗区现代社会工作服务中心	26568
8	萝岗街	萝岗区	广州市萝岗区香雪社会工作服务中心	23602
9	同德街	白云区	广州市白云区同德社会工作服务中心	20183.75
10	同和街	白云区	广州市白云恒福社会工作服务社	23454
11	兴华街	天河区	广州市白云恒福社会工作服务社	33997
12	冼村街	天河区	广州市中大社工服务中心	29500
13	滨江街	海珠区	广州市海珠区心乐园社会工作服务中心	38200
14	琶洲街	海珠区	广州市大同社会工作服务中心	30800
15	南岗街	黄埔区	广州市黄埔区普爱社会工作服务社	21904

续表

	招投标项目（街道）	所在区域	中标机构（供应商）	最低服务工时
16	鱼珠街	黄埔区	广州市乐翔社会工作服务社	28156
17	桥南街	番禺区	广州市番禺区桥创社会工作服务中心	25112
18	沙头街	番禺区	广州市番禺区正阳社会工作服务中心	27008
19	江埔街	从化区	广州市和悦社会工作服务中心	29556
20	街口街	从化区	广州益人社会工作服务中心	29064

注：南沙区未公布最低服务工时。
资料来源：广州市社区服务网，2015年。

由表5-2可知，在20个家综项目中，"最低服务工时"最低的为白云区同德街的每年20183.75小时，最高的为海珠区滨江街的每年38200小时，整体平均工时达到每年27523小时。而广州市政府文件明确规定，家庭综合服务中心所配备的一线社工服务人员为14人，因此，平均每人每天（按一年365天计算，包括法定节假日）工作量达到5.39小时，而这仅仅是计算服务工时，并没有将培训、督导和外出交流的时间纳入计算范围内。朱静君（2015）也认为家庭综合服务中心每年的服务工时最好为20000~21000小时，超过30000小时的标书都是难于理解的。那为什么会出现这么大的差距呢？原因是多方面的，例如，我国社会服务体系不完善、政府对于社会组织服务逻辑不理解，从而导致"价低者得"或"服务工时高者得"等判断依据，然而更重要的是，招投标常常会出现"共谋"现象,即政府部门与社工机构形成同谋,共同攫取社会服务资源。因此,在家综项目招投标的初级阶段,政府与社会组织的界限是极其模糊甚至是没有的,而"人脉""关系"等因素成为社会组织与政府共谋的必要条件。

(二)组织间共谋:人脉和资源的操纵

XH街家综是由BH社会工作服务社(简称BH社)承接的,于2012年9月正式提供服务。但其特殊之处在于它是BH社承接的所有家综项目里面唯一不在同一区域的项目,它已经跨出了BH社的一般服务范围。BH社于2009年正式建立,其所承接的第一个家综"J街家庭综合服务中心"在2011年由于受到国家领导人的参观和肯定,从此名声大震。XH街也是出于此考虑,决定BH社为中标机构。但这不足以解释为什么BH社选择跨区域提供服务,BH社起初并不打算扩展得如此迅速,原因在于社工人员的发展储备不足、区域差异过大,而实质性的因素在于"人脉"和"关系"的积累。BH社是供销社转型后成立的社工机构,而BG街街道主任早先便任职于此供销社,于是在政府购买服务扩大之际,街道主任便率先要求BH社跨区承接,BH社也借此积累关系和资源。所以"人脉"在组织走上轨道的过程中起到举足轻重的作用,但也因此出现了许多陪标现象。

提前配合意向机构做需求评估是街道选择社会服务组织的重要策略,因为需求评估及方案设计在招投标方案中占比较大的比例,决定了该机构是否能入驻。BG街的配合是BH社招投标成功的重要方面。而那些由街道成立的机构承接的家综项目,在招投标的时候也需要有两个其他机构参与,这两个机构也只能处于陪标的位置。

相比之下,缺乏人脉和资源的机构常常面临生存性危机。

2011年，TK社会工作服务机构（简称TK社）承接BC街家综服务，但一年之后被替换，由PA社会工作服务社（简称PA社）承接。尽管TK社被撤的原因官方没有给出任何明确的回复，但可以从其与PA社两家机构的背景进行分析，不难发现在如此"明星味"十足的社区，与居委会关系的好坏直接影响机构或家综的生存状态。

前文已经对承接家综的机构类型进行过划分，TK社属于典型的街道不参与的草根机构，而PA社则比较特别，它与BH社背景相似，也是在供销社转型后成立的。该机构主要负责人WJB，早先任职于H区团委，并在2006~2007年成为"青年地带"项目的主要推动者。应社会转型需要，他于2008~2009年在该供销社任职，主要目的即推动供销社转型。2012年5月，PA社注册成立。从时间上看，PA社的成立正好对接TK社的撤出，其供销社背景也与居委会具有历史渊源，中心主任WJB也告诉笔者，街道甘愿冒此风险①必有原因，极有可能是与街道、居委会关系处理不好。

（三）服务的循序渐进性：由被资源牵着走到牵着资源走

PA社在承接BC街家综后，对场地进行了一段时间的装修，并于2012年12月正式提供服务。由于具有供销社背景，中心通过街道的引入和介绍获得居委会的认可——尽管这种认可是出于行政压力。获得居委会认可后，家综服务的开展更为顺畅，在居委会人员的陪同下，家综很快与社区居民建立了初步的信任关系。中心主任WJB如是说：

---

① 因为新入驻的社工机构常常需要从头开始，与社区居民建立关系，包括扫楼、宣传等，这里的"风险"不仅暗指街道对于服务资源的浪费，也指代可能受到质疑的风险。

从政府单位分离出来的一些经济组织，它在推动社区建设这一块，政府会比较容易合作，共同承担一些改革的任务，既能够借助市场化改革后的一些力量去运作，也能够做一些符合政府期待的改革的工作，两者结合起来的话，比较容易去开展工作，如果纯粹是一些民办企业的话，政府这边可能觉得还是会有一些困难、顾虑。

——2014-5-23 WJB 访谈

居委会一方面迫于街道要求，不得不与家综一起行动，另一方面却对家综进行百般"刁难"，例如中心在向居委会拿居民资料时，居委会人员总是通过搪塞、拖延等方式表示不愿和不满，而中心也很难提供持续性服务，尤其在入驻社区后的第一年，这是家综普遍存在的现象。所以，多数中心都把入驻社区后的第一年看作走向远方的轨道，看作能否真正走上轨道驶向前方的一道坎，而与居委会建立良好的关系则是成功迈过这道坎的必由之路。

由此可见，家综在入驻社区之后，直接面临与居委会沟通与合作的问题。"上面千条线、下面一根针"，繁重的行政任务使得居委会早已成为政府派出机构的延伸，家综的"空降"并不足以打破其固有的行政思维。于是，社会工作的专业性和组织的自主性在现实情况下不得不受制于居委会的要求，常常需要配合居委会的工作，家综从产生之初便面临短暂的敏感期：既要区别于居委会，保持自身的独立性与自主性，又要把握居委会的行政思维，配合居委会工作，甚至直接为其处理相关行政事务，使得专业社会工作在街区权力结构体系中逐渐式微、失去影响。而居委会要想获得并保持自己在组织场域中的权力，要求其持续不断地实施控制策略，这种控制的实施又是通过社会化使新来者具有共同的价值观，或者通过政府及其派出机构的支持来实现。于是，处理好与居委会的关系是家综快速走上轨道的重要策略。

PA 社在承接 BC 街家综服务并入驻 GD 社区后，发现明星气息给社区带来了丰富的资源，许多外部企业都与居委会建立了长期的合作关系，愿意投入大量的人力、物力资源支援社区服务，家综则需要对社区历史、居民特点、文化氛围等进行全貌性分析，从而制定更符合社区实际的介入策略。但问题在于，居委会并不了解家综，不存在资源依赖关系，更不可能主动向家综提供相关材料，多数情况下需要家综人员多次催促、配合居委会的工作，甚至请求在居委会的支持和陪同下开展"扫楼式"居民资料的收集：

> 第一年，其实我们是有点傻啦。就是说，我不知道其他家综是不是有这样的一个优势，但是在这个社区里面，因为名气比较大，很多企业的资源愿意找过来合作，然后我们当时就是囫囵吞枣，你要什么，"好"。
>
> ——2014-5-23 WJB 访谈

家综通过囫囵吞枣的形式使自己看起来很"傻"，因为只要有资源就可以合作，只要有需要就可以提供服务。于是，家综逐渐地采纳了居委会的操作模式，一方面为了建立良好的关系，另一方面则为了获得更多的资源以提供服务，从而获得居民认可。但是，社工的专业特质要求家综在提供服务和不断发展的过程中进行回顾和反思，资源的一窝蜂涌入意味着家综需要对自身进行反复调整以满足不同组织的需求，在不断调整的过程中，中心发现自己开始偏离组织原初的定位和专业使命，尤其是形成了强大的资源依赖形式。从而中心成员时常感到痛苦，因为其专业价值和自我价值让位于众多的服务活动。

> 这样操作起来我们会发现很痛苦，就是说，资源都一窝蜂进来了，我们如果都是"被资源牵着走"，我们很痛苦，我们没有了自己的节奏，推进的方向就会出现偏差，因为我们是围绕资源在转，不是围绕我们自己中心的一个发展目标去前进。
>
> ——2014-5-23 WJB 访谈

正是中国情境下形塑的社会工作所具有的这样一股傻劲和专业自身特质，使得家综顺利度过了新生组织的初生阶段，尽管仍然受到居委会的误解和限制，但家综已经顺利进入调整期，且这一时期具有极大的优势，即与居委会的关系得以改善，初步建立了同社区居民的信任关系。于是，BC 街家综在服务开展的第二年便开始采取新的思维，对原先的策略进行调整，比如通过打造单项项目的形式合理利用外来资源等，而这是完全不同于居委会的服务。中心在发展"爱心小饭桌"项目过程中，通过联系外部企业，鼓励企业员工关怀社区长者，并以此形成稳定的义工团队，围绕"社区照顾"的理念和模式，将各方资源聚集在"爱心小饭桌"上，既彰显了自己的理念和服务的与众不同，又强化了专业合法性。

> 我们是通过这种策略去发展资源的，让他们在参与过程中，越来越多地了解家综的服务方式，他在参与过程中主人翁角色也树立了，后来在开展家综服务过程当中，就

会非常看重大家的参与能力。

——2014-5-23 WJB 访谈

所以把家综的"傻"看作社工专业式微的结果，不仅仅是对新生组织在融入街居权力体系中时间变量的忽视，更否定了组织的能动作用和家综发展的生存性策略。家综的空降难免会打破原有的街居权力体系，如何更好地适应不断变化的环境的诉求、获得生存资源是家综介入其中首要考虑的因素。因而服务开展初期，家综在面对本土化情境时常常感到无所适从、听之任之，表现出与本土化组织——居委会——相似的结构和服务供给方式。但其独特的专业特质要求中心在本土情境中保持自身独立性，进而巩固其专业性，于是通过对前期服务进行不断的总结和反思，并制定更符合专业发展的策略，保证组织的专业性和独特性，将这种依附关系从一种单向的形式转变为双向的过程。

由此可见，在服务供给阶段，社工组织与居委会之间的关系边界也是模糊的，这种模糊性不仅受到传统街居权力结构的形塑，也是组织之间彼此了解和接触的结果，更是社工组织对本土文化的策略性应对。所以家综组织才能充分利用三年的周期性服务特点，在时间轴上逐渐深入——第一年建立关系、第二年服务逐渐专业化、第三年发展服务品牌——既适应了中国传统社会结构，又不断突破中国社会情境下对于专业社会工作的理解。

三 组织间关系的阶段性渗透

社会组织可能会通过规则的运用以刻意消弭与政府组织之间的界限来获取生存性资源，即制度支持和资金援助。但由于中国独特的国家-社会关系情境，以至于在服务供给各个阶段组织之间的边界常常是不确定的，会出现人情关系大于专业关系的现象。专业社会工作落地到街居权力结构中存在诸多不适，表现出专业式微的现象。

如果采取一种过程性视角对家综发展的第一个周期（三年）进行回顾，我们可能会惊讶地发现家综的成长是以一种阶段性的状态呈现出来，而这种状态与组织的能动性和具体策略密不可分：在时间轴上，家综把入驻社区后的第一年视为"关系建立"阶段，包括与街居组织（以街道、居委会为主）和服务对象建立良好的关系（包括私人关系和专业关系）；第二年服务开始逐渐深化，街居组织开始适应社工的行动逻辑，并对其产生依赖，如个案的转介等；第三年则试图在街区设立自己的专业品牌，这不仅是考虑到下一个周期的发展需要，更是强调通过专业性的凸显促进社会组织的发展。所以由于各自行动逻辑存在不同与交叉，政府部门与社会组织之间不可能谨守各自边界，边界不再是一般意义上的"你我分离"，而是"你中有我，我中有你"和相互渗透的。

第二节　专业情境与社会服务组织定位

当组织内嵌于街区权力结构之中时，不同组织之间的边界直接碰面，边界开始遭遇外部环境所带来的实质或潜在的冲击，因为组织在本质上是一个开放的系统，依赖于与其他系统之间进行能量和资源的交换、对话。所以社会组织在输出服务的同时也会理性地选择和吸收组织发展所需的成分，并通过不断反思和变革来排除对组织发展不利或有害的成分，其管理和服务的运作具体表现在组织内部同工之间及外部与案主关系两方面。社会服务组织的管理要求一系列的技巧，如目标设定、项目计划、资源和人力资源管理、同事训练和服务评估，管理者需要跟内部和外部的不同群体进行持续的互动（Hardina, Middleton, Montana, & Simpson, 2007）。对于社会服务来说，边界的区分意味着专业化的进程，社会服务组织第二层面的边界生产在服务方面，包括内部与同事、机构之间的边界及外部与服务对象之间的边界的厘清。

一　组织内关系：招募及同工之间关系

组织不断向环境开放的同时必须对其边界给予足够的关注，特别是在招募参与者的复杂问题上。社会组织变革发生的时间较短，现存的群体特征较为单一，社工专业、心理学专业以及相应的资格证书成为其雇佣的主要标准，尤其是在人员缺乏的大背景下，社工的"抢人"现象经常会出现。

> ……那你说广州一下子多了100多条街家综，每条街至少要10名社工，一下子就要1000多名，它还不是只跟广州的机构争，还有深圳、东莞、佛山、中山，一下子这么多城市去争这批社工资源……然后政府就会要求你的社工不能少于10个，你的专业人员不能少于14个，有可能是社工专业的，有可能是学心理学的，基本上我们在第一年是非常难招的，说得不好听，其实是跟人家抢。
>
> ——2014-5-26 LZR 访谈

于是员工招募及防止流失成为组织管理者必须考虑的重要问题，不仅在于其作为承接政府购买服务的基本指标，更在于组织合法性的获得，因为这种永久的雇佣关系为组织的行动奠定了基础,并给人一种忠诚和团结的感觉(尼尔·保尔森、托·尼斯,2004:263),尤其对于社会组织而言,它们无法提供同工高的薪水,同工也常常将自身作为一种临时雇员看待,随时可能辞职或选择跳槽。

> 我们机构会制定工资标准、激励机制,鼓励我们的同事留在社工这个行业,其实我们很多人从机构出去,就是跳槽的一些同事,他也还在社工行业,一般都是因为在其他机构会有一个更高的职位,所以才出去。所以,如果还在社工行业的话,我们觉得还是可以接受的,至少他没有到其他行业。
>
> ——2014-6-6 HZR 访谈

所以在社工领域,管理者常常会采取强烈的"同一性意识"来拉近同工和组织之间的关系,它可以提升群体之间的信任度和合作默契度,赋予同工对外界环境做出共同行为的能力,相对于"待遇留人","职业留人"更能提升同工对组织的忠诚度。

> 我们机构的特点是职业留人,就是说我们非常注重同事在工作过程中的专业成长,比如说,我们会督导,每一个一线的同事都会有两个督导:一个是香港督导,一个是内地督导……另外我们也有一些培训经费,或者一些我们机构内部才会有的交流平台,这样就可以鼓励大家比较多地在专业服务上发展。
>
> ——2014-6-6 HZR 访谈

但政府购买家综服务本身是以一种项目制的方式运作，三年作为一个项目周期意味着项目成员的构成是一种临时性的关系，而"项目可以同时处于边界的内部和外部，被积极建构并不断修改的同一性和差异性的复杂轮廓横切开来"（尼尔·保尔森、托·赫尼斯，2004：59）。于是同工之间这种临时性关系变得极为模糊，因为受到项目周期的影响，同工关系可能随时被终止或被分配到机构的不同部门之中，届时需要重新组建与其他同工之间的关系。

二 专业关系：与服务使用者之间的关系

在专业层面，对于边界问题的讨论尽管涉及社工与案主之间专业关系和私人关系的伦理问题，却很少对此进行深入分析，大多研究以性关系作为分析切入点。然而，性关系仅仅是辨别社工与案主之间边界混乱的一个主要标准，大多数边界问题都以一种较为细微的方式呈现，令人难以察觉，尤其是当专业社会工作与中国人情社会碰撞之时，社工常常发现自己被置于伦理困境之中。以专业关系的建立为例，按照美国社会工作者协会（NASW）制定的伦理守则，"社会工作者不应与现有或之前的案主产生双重或多重关系，以避免可能剥削或伤害案主的风险。如果双重或多重关系难以避免，社会工作者应采取行动保护案主，并有责任设定清楚的、适当的及符合文化敏感性的界限"（多戈夫、洛温伯格、哈林顿，2005：125）。但出于服务需要，社工常常需要在与案主建立良好私人关系的前提下才能促进服务活动的开展，而这种私人关系的建立是在打破与服务对象专业关系边界的基础之上。于是，中国情境下的社会工作强调社会工作者要热情为案主（服务对象）服务，维护案主的利益。

QN街家综于2012年2月正式在社区开展服务,由于承接机构"出身卑微",不具有体制内血脉,在进行社区需求评估时困难重重,最直接的是居委会对其无条件排斥:不给社区相关资料、不引导入户调查等。但即便如此,社工在入驻家综后不久,仍然风风火火地进行"扫楼式"调查,因为他们充分利用了社区青少年群体资源,将家综打造成社区青少年游戏和活动的中心,以此来吸引如此富有活力的群体,通过他们的介入引导更多的社区居民参与到家综服务活动中,并对社工产生强烈的信任感和支持感。两年之后,该社区青少年已经组建成为一支强大的义工队伍,成为社区发展过程中不可缺少的社会力量之一。

但故事的发展并非如此顺利,社工在入驻社区之前,街道主管便告诉家综主任,该社区老党员比较多,建议从党建工作入手。于是,社工开始筹备各种党建活动,但发现老党员不是请不动就是走不动,这种状态整整持续了三个月。一次偶然的机会,社区居委会介绍一群青少年到家综一楼活动中心练习跳舞,社工在与他们交流过程中发掘出几个骨干,并通过电话的方式经常约他们一起吃饭、聊天,希望能通过他们将周围更多的小伙伴吸引到家综活动中心。

> 你不知道当时我们有多辛苦,每天想方设法与他们(骨干)接触,带领他们策划活动,希望能有更多的人来到这里(活动中心),还要考虑到他们念书等,我感觉当时我们真够"死皮赖脸"了。
>
> ——2014 - 6 - 20 LSM访谈

于是,家综开始转变服务策略,由"党建"工作转向

"团建"工作。在与青少年接触的过程中，L姑娘告诉笔者她每天都会与青少年骨干聊QQ和微信，并建立微信群将所有新加入的青少年纳入其中，起初大家聊的主要是一些游戏和活动的设置问题，但后来聊天内容逐渐涉入私人情感问题，许多青少年转变为情侣身份，甚至会在群里给L姑娘发送暧昧信息。社工对此也并非没有察觉，在告诉督导后，督导给出的指导却非常模糊，只是建议L姑娘进行适当把控，协调好专业关系与私人关系。

但困境在于，由于青少年群体的生理和心理特征，如果社工要保证服务过程的顺利开展，就不得不"死皮赖脸"与其"打成一片"，从朋友关系的角度，而不是以专业关系作为出发点来对青少年产生感召力。可一旦社工与服务对象陷入朋友关系，就很难抽离出来，因为互动双方都存在情感需求，尤其是服务对象不能在理智上接受社工朋友身份的转变，而中国社会工作伦理守则对此又缺乏明确的指引。因此，如果从西方专业社会工作的角度来看待中国社会工作的情境，社工常常陷入伦理困境之中。

因此，西方社会工作对于社工与案主边界问题的讨论范围已经不再局限于面对面（face-to-face）的关系，相反，他们开始不断反思社会媒介可能给边界问题带来的挑战，比如手机、E-mail、Facebook、简讯等的使用会使社工更为容易地暴露给服务对象，因为服务对象可以轻易拿到社工的"地址"（address）或电话号码等（Reamer，2003），同时西方完善的社会工作伦理守则与法律原则又为其提供了必要的支持和指导。相比之下，中国社会工作伦理守则（大陆）则显得浅显和抽象，因而尽管处在服务层面的社会组织和社会工作者缺乏专业指引，却拥有足够的自我发挥空间，他们会出于项目发展或服务需求的考虑对专业社会工作服务在街居体系下遇到的瓶颈进行灵活调整和处理。

第三节　服务监管、评估与专业定位调适

自20世纪70年代"社团革命"以来，社会组织得到了空前的发展，西方社会也形成了相对成熟的评估体系。组织评估是管理控制系统的组成部分，但评估往往被轻易地简化成不同的指标，摊派到不同人头上，评估中也存在组织控制和自主决断之间的双重矛盾（艾伦·劳顿，2008）。然而我国社会组织发展时间短，真正意义上的社会组织评估体系是以2011年《社会组织评估管理办法》（以下称《管理办法》）的执行为其建立的标志，其目的在于规范和约束社会组织的发展。但《管理办法》仅仅作为评估的显性方面，中国社会组织也会受到自身专业价值和使命的制约，在服务供给过程中不断反思和界定自身的定位。广州市家综项目采取总结性评估（summative evaluation）方法，强调结果导向（Patton，1997），是管理模型、专业发展模型、消费者模型（Pollitt，1987）三者的混合，也是对社会服务的三重监督。

评估是对项目、计划和行动措施的评价，是组织中调控和管理的重要组成部分，公共管理部门或NGO将活动指向产出（output）和结果（outcome），评估和监管服务于此项内容。[①]除了日常的协调、沟通外，购买方通过各种评估手段完成对社会服务的监测。

[①] 参见赖因哈德·施托克曼、沃尔夫冈·梅耶（2012）。

一 街区约制与社会服务组织内卷化

党的十八大报告指出"要加强和创新社会管理，改进政府提供公共服务方式"后，国务院办公厅于2013年9月26日发布《关于政府向社会力量购买服务的指导意见》（国办发〔2013〕96号），明确提出关于政府购买服务绩效管理的意见，强调"加强政府向社会力量购买服务的绩效管理，严格绩效评价机制。建立健全由购买主体、服务对象及第三方组成的综合性评审机制，对购买服务项目数量、质量和资金使用绩效等进行考核评价。评价结果向社会公布，并作为以后年度编制政府向社会力量购买服务预算和选择政府购买服务承接主体的重要参考依据"。但根据西方国家政府购买社会服务的经验可知，采用绩效评估标准——度量项目成果——来签订购买合同往往为政府所欢迎却受到社会组织的抵制，因为在服务提供过程中，社会组织认为有许多外部因素会影响项目收益人的绩效，社会服务组织对于绩效的结果负有高度责任。

广州市社会服务购买经费纳入了当年的财政预算中，评估则是对项目的成败、资金使用的效果和效率等的监测。《关于加快街道家庭综合服务中心建设的实施办法》指出："家庭综合服务中心的评估工作由市民政局统筹指导，建立评估人员名单数据库。评估工作由区（县级市）民政局具体负责。原则上评估工作采用政府采购的方式委托符合资质的第三方社会服务专业机构进行。"社会服务组织需要向购买方、监督方及社会公众交代其服务的进展状况及自我评估。家综评估是对综合服务多方需求回应的监测。从开始试点到2015年，广州共有7家评估机构对家综进行评估。2015年后，第一个购买周期（三年）结束，评估标准趋向统一。

广州市家庭综合服务中心的合约是以三年为一个周期，周期内实行一年一签，每年进行两次评估，分别是中期评估和末期评估，由市民政局统一安排，末期评估合格后进行续签，三年期满之后按照政府购买工作程序重新确定运营机构。评估主要涉及服务质量和经费拨付问题：合约签订后，政府会预先拨付55%的款项；待中期评估合格后，再拨付40%；末期评估合格后，拨付余下的5%。排除拖延经费等问题，引入西方国家绩效评估等机制意味着购买方将重点放在政府行为的最终效果和花费上，借此来决定支出并评价支出效果。家综采纳该评估体系后，具体到其评估内容则主要包括两大板块：一是行政管理；二是专业服务。而目前家综的评估问题则主要在于日益复杂的"行政管理"规条让"专业服务"窒息。①

> 半年评估一次，不管怎么样还是准备给你的，到时因为还要邀请服务对象，还有很多东西都要准备，要搞得好看一点，否则的话看到不好看，心情不好打分会低一点，这些东西增加了很多，好像我们刚刚评估完没做啥事又要评估了。
>
> ——2014-6-4 DF 街访谈

由此可见，评估体现的是一种不信任、不放心的状态，加强对于社会组织在管理和服务方面的监管，不仅有助于新生组织在规范体系下成长，也有助于创新原有对社会组织的管理体系。政府对于家综以及社会组织的监管体系实质上是国家-社

---

① 《广州市家庭综合服务中心评估之我见》，2015，《中国社工时报》，转引自http://cncasw.blog.163.com/blog/static/169137968201372635059637/。

会关系的一个侧面的体现，是利用公权力处理国家与社会关系的一种国家制度，在本质上是政府对社会组织发展的一种风险控制体制。

广州市家庭综合服务中心自发展以来，其成效的监管逐渐由"街道监管"转向"第三方评估"，尽管这个转变过程并没有完全突破街道管理体系，但处在不断完善的阶段。多数机构负责人认为，第三方评估有助于社会工作的发展，特别是给予项目发展以规范和反思，但这种评估体系并不适用于家综评估，因为目前第三方评估的对象以项目为主，特别是以单项服务为主，而评估内容人为将家综项目分为几大板块，再通过量化标准以评估各个板块的成效，实际上也是对家综的综合性服务模式进行拆解，主要拆分为"商务要求指标"、"技术要求指标"和"服务工时指标"等。此外，广州市各个区特点不一、差异巨大，各个区所采用的评估标准不同，导致有的机构可能会收到不同的专家意见。

> 专家去年建议我们的项目要与我们的服务理念连贯起来，所以我们今年做的主要目的是朝着（社区营造）这个方向发展，今年换了一批专家，说我们的服务没有突破，我们的发展方向与社区实际不符。
> ——2014-12-13 TA 社会工作服务机构总监 W sir

广州市家综评估体系主要存在以下几个问题：首先，评估体系缺乏一套整体的标准和思路，从而使得社会工作机构在迎接评估的过程中难以建立系统的应评机制；其次，评估目标与方向模糊，专家给出的建议与实务差距过大，难以促进实务工作的提升；最后，评估团队对服务板块缺乏了解，特别是以高校老师为主的专家队伍常常会忽视实务工作中存在的诸多阻碍因素。

> 第三方帮助一些机构总结一些成效，其实我觉得这个是关键，而现在的评估反而变成对于一些指标怎么去看，对于一些数值怎么去看，然后再按照一些专家的要求去看那个东西。
>
> ——2014 - 5 - 23 LBP 访谈

即便如此，多数家综在接受评估时也总能采取灵活性策略。一方面，掌握评估专家秉着"以评促建"原则的心态，突出服务过程中不可克服的困难因素；另一方面，积极完成指标，通过量的满足来弥补质的不足。如评估专家许老师所说：

> 如果按照 X 区来看的话，Y 区许多家综都不能及格，它们做得实在是难以达标，连最基本的文书都不会。
>
> ——2014 - 10 - 24 与 XLS 聊天记录

笔者持续参与家综的评估，在某次评估过程中，GL 街家综主任便极力邀请街道分管武装的 L 主任前去参与家综项目第二年年末的评估，因为与 L 主任关系密切，服务开展过程中常常与之打交道，所以 L 主任在评估现场的肯定无疑为中心的评估结果增色几分。"诉苦"也成为家综普遍的灵活性应对策略，通过向评估专家诉苦来反映专业社会工作与中国具体情境之间的脱节，也集中体现了中国情境下社会组织尽管数量正在剧增，但话语空间狭窄、与强大的国家和市场主体直接对话的局面仍不容乐观。比如服务范围较为广泛的家综则以"交通不便""人员辛苦"来回应"服务范围局限""服务人群面窄"的质询;服务范围不足一公里的家综则以"本地人多""老年人多"回应"服务内容单一"等问题。

2015年广州市有六家机构参与家综项目评估,而以广州市社会工作协会为主,评估团队主要由三类群体组成:高校背景的社工老师、香港邻舍辅导会专家以及具有丰富一线实务经验的工作者。此外还包括两名财务评委、一名评委助理和两名观察员。家综项目的评估还必须正确处理好与政府部门之间的关系,在评估内容中便有"中心协调机制"这一板块,并占据总分的8%,该机制正是强调与政府部门(包括居委会)关系的协调。于是,家综不可能与政府组织泾渭分明,如果处理得当,政府也会出于自身利益考虑极力维护机构的生存,社会组织获得正收益;但若处理不当,机构则随时面临被撤换、获得负收益的风险。因此,无论是从评估内容、评估团队还是评估标准等方面,中国情境下的社会组织与政府之间的边界都是十分模糊的,而处理好与政府部门之间的关系将对家综和机构的生存与发展产生至关重要的影响。

所以尽管政府购买服务促进了社会组织的爆炸性增长,但其社会组织性质和实际运作机制在根本上并没有得以改变,政府对于资源和话语的控制使得社会组织内卷化现象严重(何艳玲、蔡禾,2005),社会力量并未得到实际变革和增长。相反,社会组织不断被吸纳到街区权力体系之中。

二 专业约制与社会服务组织调适

但张力较明显的是,街区规制和专业规制可能产生冲突,专业规制希望提升社会服务组织的专业能力,提供更为专业的服务。一方面,社会组织必须体现对社会的义务活动和利他主义动机,这要求与其他组织结盟;另一方面,非营利组织也要承担较大的"专业化的压力",在社会范围内、国家机关和潜在的捐赠者处获得认可,必须产生具有意义的创新绩效和发展绩效,专业化又要求非营利组织与其他组织的区分(康保锐,2009)。委托方通过"产出门槛监控机制"(李小宁、田大山,2003),设定一定的专业任务量目标对社会服务组织进行规制。但作为委托方的政府难以完成专业规制,而是依靠第三方评估中的专家力量进行。

> 但当政府要投钱时,它也要考虑这个评估机制,最可能的其实就是对服务的专业化或者系统化的发展,它其实有一个促进(作用)。
>
> ——2014-6-6 FYRJ 访谈

所以,尽管政府购买服务在采取第三方评估时面临多方压力,特别是来自评估对象的反感与不适,但就社会工作专业目前的发展阶段而言,它是必不可缺的,是保证服务质量的有效手段,也是促进行业规范的基准。

评估标准常常是为社工机构所诟病之处,2015年以前,在广州市家综项目评估中,有5~7套不同的评估标准,承接多个家综项目的社工机构往往需要拥有多套应对评估标准的体系。以评估指标为例。

> 比如说荔湾区有荔湾区的评估指标,越秀区有越秀区的评估指标,然后荔湾区有荔湾区的一套评估机制,越秀区有另外一套评估机制,但是这对于行业来说,感觉是有

点混乱的。

——2014-6-6 FYRJ 访谈

这样对同样的服务可能会产生不同的解释，使得评估目标和方向也存在偏差。于是，有些社会服务机构不得不在评估上煞费苦心，甚至整理出两套或多套方案以应对不同的评估机制。

专业评估是对"最低标准"进行评估，只要按照最低标准要求完成即可获得合格，但评估过程和内容显得较为苛刻，包括与社工访谈、文书查阅和项目逻辑梳理三个方面，这种通过专家"纠偏"的形式经常引发争论，甚至使许多社工机构将其视为"最高标准"，评估专家"以评促建"的原则在实践中屡受质疑，并且这种质疑被转移到评估专家身上，特别是以专家身份出现的高校老师。这与社会工作专业属性有关，社会工作强调实践性和应用性，实务人才的缺乏使得"实务出身"的专家在进行评估时获得一致好评，因为在同工眼中，他们更"接地气"，更能理解一线实务工作中存在的种种不确定（2014-12-10 CGN 访谈）。相比之下，"高校老师出身"的专家则常常被认为是"空谈误国"的代名词（2014-12-10 CGN 访谈）。

但是很多时候高校老师提出的东西跟现实、实务那一块不一定能接得上，如果接不上，那他提的这个东西就一点意义都没有。比如说，一些基线的测量、一个成效的评估，比如之前谈的研究要更专业，但机构毕竟不是专业研究机构嘛，是不是？

——2014-5-23 LBP 访谈

对于社工机构而言，他们所希望的是获得更多的指引和要求，并且这些指引和要求可以直接作用于一线同工服务改进的过程之中，专业评估的功能和作用就在于此，而非以"最高标准"贸然决定机构的生死。对于成效而言，社工机构更希望通过专家评估，对机构服务成效进行总结和提升，而不是简单地通过数值和指标给机构评出"优、良、中、差"，同时不对结果做出具体解释。这种过于主观和宽泛的结论不仅使评估团队受到质疑，更不利于行业的发展，因为这是委托方决定是否继续购买的核心标准。

第六章
社会服务组织的自由裁量权与选择性服务

上一章着重分析社会服务组织在社区治理情境中的定位，其与基层政府部门处于较为动态的边界关系变化之中，也在逐步适应社区治理情境。家庭综合服务中心逐步成为治理体系的常规机构。本章继续分析社会服务组织在社区治理情境和社会工作专业制度的共同作用下所做出的选择性服务及其后果。

第一节 治理情境与社会服务组织的被动性

管理主义的盛行影响了社会工作的工作模式，评估以及需求导向成为家综社工的重要考量。在这样的工作背景之下，家综社工的工作环境更为复杂。在治理情境的约束下，社会服务组织提供社会服务陷入较为被动的境地。

一 外部环境的影响

作为一项新兴服务进入社区，家综社工们不得不面对服务的推广、服务对象的寻找以及如何与街道、居委会融洽相处等问题；同时，需要面对管理主义影响下的评估指标的压力。

（一）工作环境复杂，难以程序化

复杂的工作环境导致家综的相关服务难以程序化，这就要求家综在实际服务中被给予一定的自由裁量权以应对复杂的工作环境。同时，由于官僚组织自身的组织结构影响，身处基层的社会工作者在实际服务过程中，能够在复杂的工作环境中有广泛的自由裁量权。服务对象的多样性导致家综社工在服务过程中必须考虑不同服务对象的实际需求，开展个性化的服务。以 X 街家综为例，按照服务领域来划分，目前所开展的服务主要包括青少年、长者、残障、家庭及志愿服务。面对不同的服务人群，社会服务组织开展的服务可能不尽相同，在长者领域，又分为长者融爱计划、长者健康计划以及长者展能计划。这样其实对于每一个不同类型的服务对象所开展的服务都没有一个统一的评估标准，这导致家综社工在实际服务过程中必须拥有一定的自由裁量权，以保证能够根据服务对象的不同需求开展个性化的服务。同时，也正是由于个性化的服务难以用统一的标准进行评估，在实际服务过程中，家综社工有一定的自主权能够选择不同的服务方法。

服务对象具有多样性，管理主义下的评估指标又缺乏详细规定，这在一定程度上也给予了家综社工一定的服务空间，能够自己选择服务对象与服务内容。在政府购买服务的过程中，机构与政府会签订"三方协议"，街道、民政局都是家综服务的购买方。在签订"三方协议"的过程中，也会对购买服务的服务时数、服务内容等有详细的规定，然后根据协议内容，家综必须接受第三方评估机构的评估。但是在"三方协议"中对于社会服务组织究竟应该服务于哪一个个体、对于哪个群体要开展什么样的服务内容都没有统一的规定，这些都需要家综在实际工作中，基于对社区居民的认识进行深入挖掘。家综社工能根据服务对象的不同需求来选择服务对象，同时也能够在实际服务过程中拥有一定的专业自主权，选择自己的服务对象以及服务内容。

在服务过程中，除了开展一些常规的服务，家综社工还必须对社区内的突发状况进行处理，而在这些突发状况的处理过程中，社工往往必须拥有处理突发事件的能力。这种能力在一定程度上是由购买服务的使命所致。X 街 HF 社区是一个"房改房"小区，在单位退出之后，小区也没有物业进驻，所以一直处于一种自我管理的状态。但是由于后来物价上涨，小区居民难以就停车费以及物管费的问题达成协议，小区一直处于无人管理的状态。社工也曾经在该社区做过初步的调查与跟进，但是由于其中各种利益群体的矛盾，问题一直得不到有效解决。2015 年 8 月，社工在该小区开展服务的过程中遇到该小区的绿化用地上有社区居民用水泥填补成车位的情况。社工与小区居民就这个问题进行询问，发现是该小区内某位住户所为，但是该住户一直不出面做出回应。而且该地面地下就是消防管道，如果修建停车位，则会对整个小区的安全造成一定的影响。面对这样的问题，社工必须与社区居民进行沟通，了解问题的发展，还要与相关部门进行协调。这个问题只是在社区内遇到突发问题的一个缩影，社会工作没有办法运用一套程序化的工作流程进行操作，而必须具体问题具体分析，对于不同的事件采取不同的处理方法。这些问题的应对，也要求社会工作者在实际服务过程中必须有一定的自由裁量权。而在实际服务过程中，社工虽然要就相关服务内容和方法与购买方进行沟通，但还是能够掌握一定的专业自主权，决定开展服务的内容与方式。

（二）工作执行难以量化评估

人文社会科学的一个重要特征是其成果难以量化。对于家综社工而言难以量化则既是社会工作服务评估的阻碍，也是社会工作专业发展的"机遇"。虽然在与购买方所签订的"三方协议"中规定了开展服务的具体数量以及服务时数,但是社会工作服务并不能完全用服务时数来进行量化。X街家综督导L sir在督导过程中讲道:"成效并不等于指标。"的确,成效应该是看整个社区的改变情况以及社区居民的生活状况,而服务指标的完成与否只是对于工作量的一个评估。而在目前的家综服务中,缺乏一个关于成效的评估标准,所以家综社工服务开展的一个重要考量就是服务指标的完成。"新一年的评估,就是考虑到这个问题所以增加了对于社区公共问题的介入。"L sir在督导过程中不断强调社工对于社区公共问题的介入,这不仅是成效的考量,也是社会工作服务的专业性要求。对于社区公共问题介入的关注,在一定程度上给予家综社工一定的自主决定的权力,能够对服务对象、服务内容和服务方法进行选择。

二 社会工作专业性的影响

作为一门专业的社会工作,在参与社会服务的过程中能够掌握一定话语权的一个决定性因素就是专业性。在社会工作产生的初期,社会工作的发展是一个"自下而上"的过程,社会工作有自己的专业方法、价值与追求、道德与伦理要求,这都是社会工作能够拥有一定的自由裁量权的重要前提。

(一)对"管理主义"的抗衡

我觉得虽然政府给我们的服务画了一个圈,但是并不代表我们没有行动能力,相反我们能够在这个圈内做很多事情,而且能够利用自己的专业性把这个圈不断扩大。

——H sir访谈

自"管理主义"在社会福利体系中不断铺开之后，社会工作服务的自由裁量权也受到"限制"。英国社会工作发展之初，由于其在"自下而上"的发展过程中已经拥有一定的专业话语权，所以在社会福利体系的相关服务过程中，能够拥有大量的自由裁量权来进行服务选择，这个时候的社会工作也呈现多元的发展模式。但是受"管理主义"的影响，社会福利体系下的社会工作也受到一定的冲击，对于这个时期的自由裁量权存在与否也存在大量的争论。Howe（1991）甚至对街头官僚理论在社会工作领域的存在提出怀疑，认为社会工作的权威已经由广泛的自由裁量权转变为依照法规执行的政策实践。政府购买家综服务的出现以及评估也受到"管理主义"的影响，指标与评估已经成为衡量家综服务的绝对性指标，因此在2015年新一期的家综评估模式中，对于全市的评估指标进行统一，注重展现服务成效以及服务成效评估，侧重于家综服务为服务对象以及为社区所带来的改变。新的评估体系的一个最大的优点就是对于社会工作专业性的关注，专业性是影响社工话语权的一个重要的考量标准，社会工作的成效也是社会工作专业性的重要体现。所以，社会工作所拥有的自由裁量权既是社会工作专业性的体现，也是在应对"管理主义"的压力之下所寻求的专业发展之路。

（二）"专业社工"话语体系的标榜

家综的建设和发展基于对社工专业的信任，是对中国香港、新加坡等地社会工作发展经验的借鉴。家综的发展过程也是对于社会工作作为一门专业的信任的发展过程。社会工作在我国的发展过程中，教育早于实践，主要是在高等院校中发展。2009年之前，甚至没有一个专业实践的平台，而政府对于社会工作专业实践的支持也是因为对于社会工作专业的信任，认为社会工作能够就某些社会问题进行专业介入。社会工作能够在社区落地的重要前提就是专业性能够在社区落地——让购买方和服务使用者能够看到。虽然专业性并不等同于自由裁量权，但是对于专业话语体系的标榜也能够在一定程度上给予社会工作更多的自由裁量权。X 街各个居委会的长者生日会都是在社工的协助之下完成的。在活动开始之初，居委会寻求社工的帮助，对于活动环节的设置、活动的带领等问题进行询问，甚至会在资金的支持下，让社工掌握整个活动的话语权，在服务开展的过程中，社工也会将某些专业术语进行传递，"热身游戏""小组动力"等词都会出现在与居委会工作人员的沟通之中。类似于这样的与街道和居委会合作的活动很多，这些活动一方面加重了社工的负担，使他们需要承担更多的额外工作，另一方面也是社工专业性被居委会认可的表现。居委会寻求与家综社工的合作，既能够让居委会工作人员以及社区居民看到社工的专业性，也能够给予家综社工自身更多的服务空间，而这种服务空间的给予也是自由裁量权的拥有以及专业性的拓展。这种对于自身专业性的标榜也能够为自身带来更多的行动空间。

三 受限定的自由裁量权

社会工作在实际服务过程中会受到政府、机构、服务对象等不同个体的影响。Dickens 在《变迁中的欧洲社会工作》中认为，"社会工作受到来自国家机构、服务使用者、职业三者的拉扯，社工应该在三角中保持平衡，如果离某一方太近的话，就有被异化的危险"，在此基础上，加入组织的维度，构成了"社会工作菱形"的分析框架，强调社会工作者应该在国家、服务使用者、职业和组织者"四角"中来理解社会工作所处的复杂的环境（Dickens，2010）。本书引入社会工作菱形框架，分析在拥有自由裁量权的前提之下，由于社会工作所面对环境的复杂性，在现阶段家综社工的自由裁量权是一种受限定的自由裁量权。

（一）国家：嵌入发展的逻辑

萨拉蒙的"伙伴"关系是非营利组织在服务过程中所追求的，在家综服务过程中却沦为政府的"伙计"。在家综服务中社工被更多地定义为"政府的好帮手"，而不是对抗不公平结构的助力。众多学者认为政府－市场－社会三元的存在方式是目前社会存在的一个理想状态，三者在有明确边界的情形下会各司其职。但是在现实社会服务中没有如此明显的划分。特别是在由政府直接推动社会工作发展的今天，社会工作的发展离不开政府的推动。从资源依赖视角来看，社工机构在发展过程中，为了自身的生存不得不从外部环境获得相应的资源，主要包括资金和人力资源、信息、社会和政治资源（邓锁，2005）。从家综目前的发展来看，这些资源都是从政府获得的，每条街道每年 200 万元的政府购买家综服务资金以及对于社工人才的考证支持为家综发展提供了资金和人力资源的支持，从国家到广东省再到广州市甚至各个区，一系列政策法规的出台也为家综的合法性存在奠定了基础。在资源依赖的环境中，家综社工的发展完全依赖于政府，政府与社会的关系在家综发展的情境下更加模糊。

国家与社会模糊的边界情境，使得"家综社工是好帮手"成为可能。西方社会的发展，特别是非营利组织的发展是建基于西方市民社会的基础上的，而且西方对于政治、经济和社会等领域也有非常明确的划分。哈贝马斯将社会划分为以国家为主体的公共权力领域以及对应市民社会和家庭内部事务的以市场为主体的私人领域,而以社会为主体的第三领域则是从社会中分离出来的,是一种理性批判的公共领域。正是由于在国家与市场和社会之间有明确的边界划分,所以西方社会的非营利组织服务在开展社会服务过程中有明确的边界以及相对的自主权,能够清晰界定自己的边界在哪里。而在我国社会服务的发展过程中,政府与社会的边界从来都是模糊的。新中国成立之后,高度集中的计划经济得到发展,国家统一了市场和社会,统一通过单位来进行资源的分配。改革开放之后,市场经济的推行,导致政府-市场二元关系开始形成,在强大的二元关系中,社会组织开始发展,但是相比于强大的国家和市场,社会的力量过于弱小,国家-社会关系呈现为"含混-谋略型"的关系形态,在强大的国家面前,国家-社会关系一直模糊不清(施芸卿,2013)。在这种模糊边界之下,政府购买社工服务难以出现像西方社会那样独立的社工服务。

在政府购买社工服务的背景下,我国社会工作的发展是一种嵌入性发展,但是在现实的社会情境中,由于政府-社会关系的模糊性,嵌入性发展并没有深度嵌入社区治理中。"嵌入"一词源于波兰尼的《大转型:我们时代的政治与经济起源》一书。在讨论中国社会工作的发展过程时,王思斌教授引用嵌入性概念和嵌入性思想来解释和说明我国社会工作的发展,指出随着改革的深入和社会转型的加深,新的社会管理格局逐步形成,社会工作将走向政府-专业合作下的深度嵌入(王思斌,2011)。社会工作嵌入街区权力关系,但是并没有深度嵌入的状态使得社会工作在发展过程中,不得不沦为政府的"伙计"。在 X 街家综的发展过程中,随着在 X 街服务年限的增加,与政府的关系似乎"越来越亲密",甚至在 2015 年曾经有专门的家综工作人员进入街道工作系统,成为街道办事处的一员。街道有什么样的服务也会和家综采取"合作"的方式，甚至街道会出面申请公益创投项目交由家综来做。这种看似友好的关系，也使得社会工作的专业自主性不断降低。

在服务过程中，政府和社会的边界越来越模糊不清，这种看似提升了社会工作服务便捷性的关系也影响了社会工作服务的独立性。由于边界的模糊性，街道和家综的服务并没有非常清晰的边界，相反作为购买方之一的街道会觉得家综是自己的下属服务点。社工在谈论和街道的关系时提及，"我们和街道的关系非常亲密，有时候甚至街道的工作人员会觉得我们就是他们的"。但是这种亲密关系也影响了家综社工的自由裁量权。家综如果有相关的重要问题，要第一时间向街道报备。甚至有媒体来家综进行相关采访时，也要告知街道工作人员。这种独立性的影响不仅体现在和外界的沟通上，也出现在社区服务开展的过程中。在与家综合作的过程中，街道工作人员会把街道层面的科层制管理模式带到与家综工作人员的沟通中，影响家综社工服务的开展。

> 有时候觉得与街道的沟通真的很烦，对于我们的服务他要过问，但是他又不直接和你沟通，他要先和 T（中心主任）联系，然后 T 又把问题反映给我，我再把解决方法给 T，T 再给街道的人……有时候一个上午就光和街道的人沟通了……由于街道相关负责人非常重视活动的影响，所以每次的幕布设计以及活动的内容都需要先发给街道，如果街道通过就通过了。
>
> ——Miss C 访谈

这样烦琐的沟通模式在一定程度上也加重了家综工作人

员的负担，在每次大型活动之时，社工还有一个非常重要的任务，那就是幕布的设计。由于这种边界的模糊性，街道会认为自身和家综是一体的，对于家综也存在一定的管辖权，这样的权力关系在某种程度上极大地影响了社会工作服务的开展。

家综社工在政府购买社工服务的背景以及模糊的社会边界之下，其自由裁量权受到限定。模糊的边界导致社会工作在实际的服务过程中，不得不服从街道相关的"命令"。残障领域长期以来都和街道工疗站有合作，会定期对街道工疗站的学员开展专业服务，如小组工作。但是2016年新的街道残联的领导上任之后，对于残障领域在街道工疗站所开展的服务不断进行干涉。对于每一份计划书都要进行详细的询问与"指导"，而这些"指导"甚至在某些方面会与社工的专业价值观相冲突，在这样的背景下，家综社工不得不把服务从街道工疗站撤出。在这样的模糊边界下，家综社工也会对街道产生一种"畏惧"，对于有可能触碰到政府利益的事情，一致的态度可能是回避。比如在M社区公共问题的介入中，还没有开展服务，甚至没有主动问过街道的意思，社工就会形成一种预设，"街道现在有这么多问题，我们如果做的话，街道肯定会反对的"。这样的预设也会在服务过程中不断阻碍服务的开展，究其缘由还是家综对于自己能够做到哪一步的边界不清晰。

> 我们的服务其实是有一个边界的，我们应该而且必须在政府画的圈圈里面从事专业的社会工作，然后利用专业社会工作在服务过程中对社区居民所造成的影响一步步把这个圈圈扩大，这才是家综社工的发展之路……但是政府的圈圈究竟有多大，其实我也不知道，但是有三条底线是

不能碰触的：政治、宗教和维权。特别是激进的维权。

——L sir 访谈

（二）职业：专业自主性丧失

社会工作能够作为一门专业是因为它有区别于其他专业的专业方法以及专业价值观。在关于街头官僚的论述中，Evans（2011）认为在现阶段管理主义盛行的社会工作发展背景下，社会工作的自由裁量权受到一定的限制，而要走出这种限制，一种非常重要的方法就是社会工作的专业性，Evans 在论述中表示，李普斯基的论述在现阶段的时代背景之下可以加上关于专业主义的讨论。在对 L 督导的访谈中，他指出：

> 在目前的发展态势下，我们可以依靠一种"自下而上"的发展模式，让购买方看到我们的专业能力，然后赢得话语权，这也是目前社工发展的另一种模式……社工之所以没有与政府沟通对话的能力，一个关键点就是我们的专业性不能够支撑我们有足够的话语权进行对话，对话的前提是平等。

——L 督导访谈

而专业性不足的重要前提是在多方力量的拉扯中，家综的专业自主性逐步丧失。在对中国社会工作发展的相关研究中，也呈现了这样的话语。但是就目前家综发展的困境而言，一个重要原因就是自身的专业发展能力不够。

1. 专业自主性难以在家综实践中体现

社会工作专业发展的现实情况导致社会服务流于形式。作为一门新兴行业，社会工作的专业性，特别是在家综的发展中很难得到体现。专业教育培训了社会工作专业人才，而且专业发展是教育先行的。中国是先存在社会工作教育然后才有社会工作的发展，所以在这个过程中，在课堂上所学的专业知识远远高于实际服务的开展。

> 以前在湖南的时候，我们虽然学得很不专业，但是我们还是会对社会工作抱有很高的期待。虽然以前没有真正开展过专业服务，但是在课本上看到过或者听老师讲过很多，这次的实习给了我不一样的影响。选择来这边实习是想以后也留在这边继续工作的，但是现在我还是会选择离开。不是因为工资问题，而是因为在这样的环境下看不到你的专业性。说真的，在服务过程中，你觉得你在课堂上所学的知识用到了多少？而且这样的实习对于我来说，要说专业能力有多大的提高确实是假的，这样的训练也只能把我训练成为一个熟手，而不是一个专家。
>
> ——Miss E 访谈

上述话语在某种程度上描绘了目前家综社工的真实生存图景。社工的专业性如何体现与评价，对目前的社工行业来说的确没有形成共识。仅仅依靠家综的评估指标的确很难看到社工的专业性。个案工作在目前阶段的一个重要方面就是"资源的链接能力"，而不是心理学层面的问题分析以及心理疏导，小组工作和社区工作则更难看出社工的专业性。对于专业与非专业，虽然能够在实际的服务过程中得到体现，但是专业与否确实很难从评估或者文书中看得出来。

2. 社工专业准入门槛低且职业发展路径不清

家综社工人员招聘的准入门槛低，进一步阻碍了专业自主性的发展。政府购买社工服务的发展促进了社工行业的发展，社工行业的就业人员也越来越多。但是从业人员的增多与专业性并不是一个对等的概念。越来越多非社工专业的从业人员没有经过系统的培训就进入社工行业，使得社工行业的人才发展参差不齐。而目前对于专业与非专业的评价标准是依靠社工证，这样的评价标准也值得商榷。在广州家综社工飞速发展的过程中，大量非社工专业的人员涌入社工行业，一方面促进了社会工作人才的增长，另一方面也阻碍了专业自主性的发展，使得社会工作服务流于形式。对于没有经过专业培训就进入一线社工服务的人来说，这样的服务不仅不能扩大社会工作专业的影响，甚至在某些方面还会阻碍社会工作专业的发展与行动。

> 我以前的专业是英语，在从事这份工作之前也从事过多年的英语外贸工作，做到某公司的中层领导，但是出于对长者行业的兴趣所以来到这里工作。在刚过来的时候，板块主管会指导我做一些事情，刚开始她会带我学习一些开展服务的流程，然后就会发现，其实服务也就是那么一回事。后来我就自己开小组，像现在，我就正在开一个编织小组，阿姨们在一起编织可开心了……你看家综的绩效考核指标，开一节小组才6个小时的工时，一个大型活动是50个小时，探访是3个小时。这样的话，要完成工时，我们当然愿意探访和开活动。一节小组要准备那么多，工时又那么少……说真的，以我以前在企业的标准来看，要超过他们（一线社工）是很容易的一件事情，虽然目前我只是一个社工助理。
>
> ——Miss U 访谈

对于非专业的社工来说，考量的标准在于绩效。而这样的话，他们更加会选择一些容易开展而且工时相对较高的服务，而忽视社会工作的专业性以及服务对象的真实需求。在应对绩效考核的过程中发展出自己的行动逻辑，进而影响到专业社工服务的开展。

相对于从业人员的素质会影响社会工作的行动选择，另一个就是社会工作专业人才晋升标准的模糊性，也进一步导致社会工作专业人才的可替代性。就目前而言，对社会工作专业人才进行评判仅仅是依靠社会工作专业证书，而没有一个严格的考核指标，对于社会工作专业人才的晋升机制而言，有两个重要的标准：一个是年限，还有一个就是运气。

> 我同级的同学们有一些已经做到家综主任了，主要是因为他们把握住了机遇，有些机构因为新拿了项目，所以就采取内部提升的方式，也有一些是通过跳槽的方式来完成职位的晋升。而像我这样的领域主管，基本上只要是在做社工的，都能够做到这样的位置，甚至有一个我下一届的师妹也做到了中心主任的位置。
>
> ——Miss M 访谈

从这位板块主管的话语分析中，我们可以看到现阶段对于社工的一个重要标准就是年限，而能力仅居于次要的位置。只要你的服务年限达到资格，能力虽然也有一定的影响，却不是绝对的标准。这在某种程度上也反映了目前阶段专业标准的模糊性。专业标准的模糊性影响了专业人才，而专业人才的缺乏也影响专业的可替代性，这是一个相互影响的过程。社会工作的行动选择依赖于社会工作的专业性，但是就目前而言，家综社工的专业发展还远远不能达到专业的标准，这也进一步影响了目前的服务选择。

3. 基层社会工作者的生存现状

在讨论到专业层面时，作为专业承载体的社工个人也应该是讨论的焦点。西方社会工作的发展是先有服务后有专业，而中国社会工作的发展是在社会工作教育发展的基础上产生的。西方社会工作有完善的管理模式，也有一套相对能够满足基本生活的工资标准，而作为街头官僚也就是政府系统的社工，往往有非常完善的福利待遇。

社工人才的生存现状导致专业服务的提供受到限制。虽然对于社工人才的工资标准有统一的规定，但是这个规定是在2010年制定的，而在2016年广州市依然按照这套标准来进行工资的发放。这在某种程度上也说明社工的工资水平并不能使从事一线社工服务的社工专业大学生们得到满足。社工的薪酬难以保证他们在广州有一个比较好的生活环境，另外，也没有较成熟的晋升机制。在开始试点到全面铺开的阶段，由于社工机构大量缺人，社工能够迅速从一线社工上升到家综主任或者督导，甚至晋升为中心总干事，这是行业发展的机遇期。一方面显示社会工作专业人才的缺乏，另一方面也显示社工行业的人才晋升机制并不完善，对于一个一切都讲运气的行业来说，长久地留住人才的确非常难。而对于许多希望能够在社会工作专业找到理想工作的学生来说，家综的科层制管理模式的自由度不如草根社会组织。既不能维持"体面的工作"也不能"支撑起理想"，所以有些社工选择了逃离。作为服务弱势群体的家综社工还发现，自己服务的社区居民甚至是一些高收入群体，其工资可能比自己还要高。服务于并不弱势的"弱者"，对于社工们来说可能也会产生强烈的心理反差。

在专业社会工作发展的背景之下，社会工作要达到的目标是追求社会正义，但是在实际工作中我们发现似乎并不能够做到这样，社会服务可能被提供给并不是最需要帮助的人，而是那些社会工作者能够帮助到的人。这种理想和现实之间的心理落差在一定程度上也是社工职业现状的表现。

（三）组织：生存逻辑占主导

对于家综服务现状而言，家综的组织行为特点导致社会服务组织的生存逻辑压倒伦理逻辑成为主导。由于目标的不确定，社会服务组织对于自己应该做什么没有明确的定位，进而影响了家综服务的选择性行动。目标的模糊性是街头官僚机构所固有的特色。这种目标的模糊性看似给了社工一定的自主选择权，让社工有更大的空间决定自己能够做什么，但是其不仅影响了实际服务的开展，也导致服务评估出现困难。这是家综发展初期的现状，政府购买家综服务的"三方协议"只是规定家综要完成哪些指标，对于家综应该做什么，应该达到什么样的目标没有形成共识。《关于广州市建设家庭综合服务中心的政策评估报告》中，在对传统政府采购的三大目标模型修正的基础上，得出了政府购买社工服务的目标模型，把其目标分为经济目标、制度目标以及政策目标，并把政府购买社工服务分为发现分散问题、专业解决问题、缓解社会矛盾三大功能，并认为家综的绩效问题在于其现阶段的政策目标指标完成太快，基础目标稍显滞后。这份报告也在一定程度上说明，就现阶段而言，家综除了完成指标之外，对于目标其实是不清楚的。

组织目标定位的不确定性，使得社会服务组织在进行服务选择时，能够顺应自身的生存逻辑。在社区治理的背景下，社会工作应该承担什么类型的任务和发挥什么样的功能并没有形成共识。家综的目标停留在任务指标的完成上，而与指标相对应的内容并没有明确。每个中心都会设计年度计划，年度计划的制定来源于之前工作的总结以及需求评估调研报告。但是，对于调研报告的有效性社工也表示质疑，很多中心的调研报告采用了简单的调研方法，仅仅是为了应付评估及招投标。对于家综社工而言，重要的任务就是"开小组、开活动和接个案"，但是为什么要完成这些工作任务，一个关键性的考虑因素就是这是工作内容，甚至有社工表示这些是"做给政府看的"。这是因为政府是资源的拥有者，只有迎合政府的需求，才能够求得自身的生存和发展。

　　目标的不确定性模糊了家综的行动选择。家综目标的不确定性，在某种程度上也加大了家综社工的行动选择权限，社工机构及社工依据自己的判断选择服务对象，这种判断选择并无明确的依据。就目前而言，并没有达成共识。这就在某种程度上给了社工能够有所选择的正当理由，但是也在某种程度上让他们忽略了真正需要帮助的人。因为没有明确的目标，社工机构可以在服务范围内，选择相对容易进行服务的人。在面对邻近家综服务点和要坐20分钟公交车才能服务的社区，社工们容易选择离服务地点近的社区开展服务。同样也会拒绝难以解决的社区公共问题，因为在完成指标的前提下，有更容易解决的社区专案。同样对于家综的选择来说，由于目标的模糊性，为了自身生存发展的需要，家综往往也容易选择可以迎合购买方，能够让购买方很明显看到服务成效的行动，而拒绝一些涉及多方利益纠纷的社区公共问题。

　　同时，组织官僚化也显示在组织层面家综社工受到行政官僚体制的影响。家综在实际运行过程中，受到行政官僚体制的影响。在X街家综服务过程中，设有家综主任、机构督导、板块主管和一线社工等不同的岗位，这种岗位设置也把家综工作人员划分为不同的类别，如果一线社工有问题，必须找板块主管，然后是机构督导、家综主任，再到机构层面。这样的层级设置，也使得家综的实际服务被分成不同的类别与板块，各个板块之间的联系性不强，进一步限定了家综社工的自由裁量权。同时，家综社工也会形成对于风险的规避能力，对于不能选择什么样的服务也有自己的认知，如他们认为"宗教和维权是在实际服务过程中不能触碰的两大方面"，这种认知也会影响组织的选择与服务的提供。

（四）服务使用者：被动的接受者

服务使用者在服务使用过程中，能够使自身的福利水平得到提高。但是在政府购买家综服务过程中，服务使用者使用家综社工服务并不是法定权利，家综服务只是额外的社会福利资源。服务使用者没有权利争取更为优质的服务，而是成为服务的被动接受者，主导服务资源分配的仍然是购买方——政府。

1. 单一的资源难以满足多样化的需求

从家综的服务地域以及服务项目来看，家综服务存在多样化的需求。广州市对于政府购买家综服务的要求是"原则上至少每一条街道拥有一个家庭综合服务中心"。一个家综的服务应当包括"3＋X"，即长者、家庭、青少年三项基本服务以及至少一项特色服务。面对多样化的需求，虽然中心是分领域开展服务，但是作为"做人的工作"的社会工作服务，在实际服务过程中可能会面临多种多样的需求，而对于家综社工来说，自身资源的链接能力需要依靠自身能力的收集，而缺乏一个统一的、系统的资源链接系统，这在某种程度上会影响家综社工作为街头官僚的判断能力，进而导致社工只能进行单一化的行动选择。

面对服务对象的个别化需求，社工显得无能为力。在服务过程中，由于社工自身缺乏资源链接的能力，在面临问题时必须与服务对象一起面对而很少能够找到相对应的服务系统进行转介，特别是在面对某些政策壁垒的时候，社工缺乏自主裁量权。如在上门探访中，有一位服务对象希望申请居家养老，但是她的户口和儿子的在一起，即使儿子不和她同住，她也没有办法申请到居家养老服务员的资助。

社工资源的单一性也会导致社工重复某一类型的服务而影响服务的选择。在实际服务过程中，由于社工并没有链接到全部的社会资源，当能够链接到这一资源的时候，社工往往更倾向于重复选择这一资源开展服务。X街街道范围内有一所医学类高校，因此医学专业的高校志愿者成为家综服务的重要资源，可以看到在某一时间段内，X街家综通过链接这些志愿者在不同的社区内开展义诊活动。而这些义诊活动的开展能够关注到长者的身体健康状况，对于长者服务来说也是一个重要的关注点，能够回应年度计划的要求。但是在实际服务过程中，对于在活动中征集到的社区长者对于八段锦的学习需求，由于没有征集到志愿者而一直处于停滞状态。

服务地域的单一也影响了服务的推进。虽然一个街道的辖区范围很广泛，但是往往活动最容易覆盖到的范围就是中心据点周围。同时在这个过程中，由于方便开展活动，家综的多数活动也会在中心展开，这样辐射到的社区居民也就仅限于家综周围社区的服务对象。2015年10月，X街家综链接到中国银行等企业在中心开展了一次大型的义诊活动，在活动中，社区居民可以体验花茶、艾灸、耳贴等专业的中医服务，同时还有专业的艾灸器材赠送，但是从参与者的社区状况来看，参与者多数集中于中心据点周围的H村、F村以及T村附近，而离中心较远的 M 社区则没人来参加。

2. 对于政策的无解释权

正如前文所讨论的，中国的国家 - 社会关系边界相对模糊，在我国从人情社会发展而来的社会形态中，某些政策法规的衡量标准也是模糊不清的，这就要求街头官僚在执行政策或者开展服务的过程中能够有相应的解释权，能够立即做出判断选择，这也是街头官僚理论的重要前提、自由裁量权的一个重要面向。但是就现阶段的选择而言，社会服务组织和社会工作者没有办法立即给予服务对象以回复。对于政策的执行和解释，社会服务组织需要寻求街道办事处的指导，而不能对服务对象的需求马上做出判断，这在一定程度上影响了社会工作者对需求的回应及服务选择。当面对某些服务对象的个别化需求时，社会工作者很难给出一些明确的解释，如对于居家养老服务员政策执行的解释，虽然社工能够与街道或者居委会的工作人员进行沟通，但是沟通结果似乎没有灵活性，必须按照政府的规则办事。

社工的无解释权阻碍了服务的推进。社会工作作为一门新兴专业，在其专业要求上以及在社区治理的背景下要参与到社区公共问题的解决中。但是在实际的服务过程中，由于社工没有办法对某些模糊的政策进行"自由裁量"，在一定程度上阻碍了社会工作专业服务的开展，进而影响了民众对于社会工作的认知。社会工作要达到的目标是助人自助，但实际上社工自身也是一个无权者。

这次实习最大的遗憾就是没有帮助到 110 大院的叔叔阿姨们。有时候觉得真的很无奈，这明明就是一件能够完成的事情，倡导社区自治本来就是现阶段社区治理过程中要求的，但是在这个过程中，我们没有办法对自己的行为负责，而是必须得到街道批准。

——Miss E 访谈

  M社区的社区公共问题能够解决而且也是必须解决的一个问题，但社工必须在行动的过程中不断与街道沟通，了解街道领导对于此次事件的态度，然后在这个过程中不断与街道领导沟通协调。因为关于政策的解释权是在街道层面的，所以社工没有办法对自己的行为负责，而只能够在与街道的不断沟通中进行解决。在沟通的时效性方面，由于沟通的层级问题，家综错过了事情处理的时间限制，社区居民对于社工的理解也在这种沟通中得到塑造。"我知道，你们也尽力了，你们能够反映意见，但是最终的话语权不在你们。"社区阿姨的话说出了社工的心声，也反映了目前状态下社工的行动困境。

  社工有时候也会利用政策解释的模糊性，在有限的空间内做出有利于自己服务的解释。社工的无解释权更进一步说应该是没有有效的解释权。社工在服务过程中，为了服务选择的便利性也会就某些事物有选择地按照自己服务的便利性进行解释。比如在第一次社区入户探访过程中，社工的初次探访虽然会表明自己的身份，说自己是社工，但是往往会在前面加上一句"街道出钱购买我们来免费为社区居民提供服务，你可以打电话到居委会进行询问"。"街道出资""居委会指导"，在某种程度上，为社工服务的初步开展提供了便利性。同时，正是因为社工没有对政策的解释权，同时出于对自身利益的考虑，社工也会规避对于政策的解释能力，这也进一步影响了家综社工选择权的拥有。在进行探访的过程中，对于某些社区居民要求申请低保，社工出于自身工作的考虑，会表示可以到居委会进行申请，而拒绝作为一个个案来跟进服务对象的实际需求。在面对没有退休金的某社区长者的长期慢性病的情况时，社工表示社区医院有对于慢性病的药物补贴，但是也会以"这不是自己的服务范围"为理由拒绝代替服务对象与社区医院的医生进行沟通，而是希望服务对象能够自己主动去找社区医院。

第二节 社会服务组织的自由裁量权与实际运用

由于拥有自由裁量权，家综社工在实际服务的开展过程中能够利用这种有限度的自由裁量权来回应实际的社会服务。在街头官僚理论发展过程中，对于其作用的研究逐渐发展到对于其积极作用以及策略的相关研究。在我国家综服务过程中，由于所面对的外部环境和自身专业性等的影响，自由裁量权对于我国社工服务而言，仍然是以消极作用为主，但是在实际服务，特别是在对于专业性的反思过程中，自由裁量权的积极作用也在不断凸显。积极作用的凸显对于自由裁量权的不断扩展以及专业性的增强也起到了促进作用，促使家综社工反思自身专业服务的提供。

一 消极运用占主导

在家综服务过程中，家综社工在运用自由裁量权的过程中，更多的是一种消极运用。

（一）运用目的

街头官僚为了生存而利用自由裁量权选择有利于自身发展的服务，而对于家综社工而言，规避风险成了自由裁量权运用的一个主要目的。家综社工在面对第三方购买服务以及专业能力尚未完全体现的背景下，不得不利用自由裁量权寻求自保，以求得自身的生存。

从家综社工的产生到发展再到实际的服务过程中，我们可以看到社工的相关实践受到与政府、服务对象的不对等关系的影响，从而影响具体的实务工作。甚至在与政府、与服务对象的互动关系中，家综社工会因为这种不对等的关系而对某些话题选择逃避，而在政府所画的圆圈之内开展最能够见到成效的服务。

在与政府的互动关系中，由于权力的不平等以及购买方式的不同，家综社工必须在考虑政府利益的前提下开展社工服务以求得生存。在 X 街家综与政府的关系中，家综往往被看作街道的一部分，而且是能够被随时安排的一部分。而 X 街家综在实际服务过程中，也会尽量迎合政府的"口味"，开展能够看得到成效的"政绩工程"。

……面对我们毫无参与项目规划的两个幸福社区项目，我们必须无条件接下来，面对社区居家养老服务点的宣传，我们也要接下来，但是面对社区居民的真正需求，我们为何如此退缩，真的就如督导所讲，街道解决不了、居委会解决不了的问题我们就不能解决吗？这样的话，社工存在的意义何在，就真的只是政府的帮工吗？香港督导显然是管理主义影响下的社工，一切的目标就是完成指标，甚至没有考虑到服务对象的需求，只是考虑到我们如何能够更好地完成项目的任务，完成机构的指标。我们不是指标的机器，我们是社工。在督导完之后，我不仅没有任何的释放以及任何解决办法，反而陷入深深的无奈之中……

——2015-09-08 熊慧玲实习日志

上面一段话摘自2015年9月的日志，当时笔者之一作为实习生所在的长者板块在与政府的互动关系中一直扮演一种被动的接受者的角色。从最开始作为居委会"幸福社区"协助方到最后社工不得不全部接下来，从最开始的努力寻求志愿者到最后社工不得不一户户探访来"赶指标"，在这个过程中，社工不得不面对家综项目和幸福社区的多重指标压力，但是似乎除了完成指标之外，社工们没有第二个选择，这就是目前家综社工生存现状最真实的写照。同时在接受政府所安排的工作之后，社工自身也会觉得"我们拿政府的钱，当然要在街道的安排下工作，不然它出那么多钱干吗"。在中秋节来临之际，家综社工会主动和各个居委会沟通，然后为了迎合"拍照好看"的需要，家综除了配合一些居委会的"迎中秋、庆国庆"游园活动之外，还和几个距离家综较近的居委会一起，开展大型的表演和游园活动（见图6-1），不仅邀请街道领导参加，还给街道冠以主办方的名义。"这样的活动能够让领导看到我们的组织能力，能够让领导看到我们的服务。"在迎合政府的模式之下社工也往往会开展更多类似的服务，这也是游园活动、广场舞表演遍布整个广州的主要原因之一。

社会工作服务的重要目标是达致社会公平。但是，在实际的服务过程中，由于项目指标的要求，社会服务组织需要服务对象与社会工作者一起完成这种"数字的合谋"。同时，在服务过程中，对于机构的某些积极的"粉丝"，家综社工往往采取"讨好"的方法让其与社工一起完成一场评估游戏。对于街道跳广场舞的阿姨们来说，家综是一个练舞的好地方，我们

图 6-1　"迎中秋、庆国庆"社区游园活动
（2015 年 9 月 25 日，熊慧玲摄）

会主动与舞蹈队达成合作，会借服务场地给这些叔叔阿姨，然后在需要表演的时候，也能够有一个与广场舞队叔叔阿姨们"交换的条件"，他们也能够积极参与到表演中。在实际的义工服务中，社工们在服务最后都会预留几份奖品给居民义工们，这样他们才能够积极参与到下次义工服务中。由于这种服务关系的不对等，以及专业关系未能很好地建立，社工不能很好地让服务对象看到自身的专业性，而只能用这种变相讨好的方式让他们参与到机构的实际服务中。

（二）运用策略

分类、有限制执行和定量供给是街头官僚的行动策略，而在面对与政府、与服务对象的不对等关系时，家综社工会在自由裁量权的作用下发展出自己的行动策略。

1. 分类：界定服务对象

界定服务对象是社工服务的一个重要前提，但是这里的界定服务对象并不是界定真正有需求的服务对象，而是界定最好招募的服务对象。家综社工服务所面对的一个重要问题就是服务对象的重复。这种重复不能说是问题，因为在实际的服务过程中对于服务对象并没有明确的要求，而服务对象的重复对于家综社工来说则是一个"利益最大化"的选择。X街在J社区开拓了一个新的服务点，新服务点开拓之后，社工积极进行服务对象的招募，开展了出游活动，让社区内部分长者开始接触社工服务。在开展服务之后，又在这部分长者中招募微信小组成员，这个小组的成员在接下来的服务中连续参加手工小组、唱歌小组……对于这些阿姨来说，能够有很好的活动来度过自己的退休生活，对于社工来说，能够非常容易找到组员完成服务指标，同时与阿姨们搞好关系之后还能够培养她们逐步参与到家综的义工服务之中。但是这种选择背后，社工把对于整个社区的服务变为对于极个别群体的服务。这样的问题在探访中同样遇到过，项目有探访指标的要求，但是似乎并不容易重新找到一个愿意让社工上门探访的对象，因此对于某个熟悉的服务对象进行反复探访也成为完成指标的一种策略选择。这样的策略选择，虽然能够保证服务数量达标，但是对于实际服务来说，也导致X街家综难以找到新的服务对象，实现服务对象的拓展。

在有选择地对服务对象进行界定的过程中，家综社工之所以对服务对象进行重复选择，一个重要原因就是能够更好地完成指标。指标完成背后的一个更深层次的原因就是专业自主性的丧失。在缺乏专业自主性的条件下，家综社工能够做也愿意做的事情往往是更加容易完成的事情。

2. 有限执行：示弱

家综社工在实际服务过程中，往往更倾向于把自己描述为一个"弱者"，一方面能够赢得服务对象或者购买方的理解与同情，另一方面也成为自己不能完成某些服务的"借口"。甚至对于社工来说，这种由服务能力导致的无可奈何也会影响社工服务的选择。

> 真的非常想帮助别人，但是有时候对于个案来说，你能够帮到的可能仅仅是陪伴他们。像之前在前台值班时转介给我的那个个案，我后来和他（小明，5岁，四川达州人，妈妈生下他出走，之后爸爸精神不振，一直依靠爷爷奶奶抚养长大）的爷爷、奶奶再次聊过了，自己非常想帮他但是无能为力。首先，对于经济上的支持……面对这样的个案，我们感觉自己能做的真的很少。有些家暴的个案，我们还能够与案主同行，但是像这样的个案，你真的是完全帮不到啊，我们只能够向服务对象解释我们所开展的服务，然后进行探访解释我们目前的地位以及我们能够做到的……真的觉得帮不了服务对象很多……
> ——Miss C 访谈

受自身拥有的资源的限制，社工在实际服务中所掌握的资源有限，甚至只能利用一些非正式的资源来帮助服务对象，所以在实际的服务过程中家综社工往往只能以"示弱"的方式，向服务对象展现自己的困难，赢得服务对象的理解与同情。同时，在与居委会以及街道的关系方面，社工也会利用这种策略来变相拒绝以及赢得某些支持。如对于 X 街的长者日托中心，由于经费有限，街道原本打算一并交由该机构来运作，但是机构考虑到经费与所开展的服务，选择了拒绝。在拒绝过程中，家综会说明自己目前所必须开展的活动、所使用的经费状况，然后表明自己在目前的阶段没有足够的力量接下这个项目，但是社工愿意协助，如日托的宣传以及日常活动的开展，家综社工都可以进行一定的协助。社工利用这种方式，既能够让街道理解自己目前的处境，同时也能够让其看到家综的努力。

社工"示弱"一方面是自身服务现状的真实写照，另一方面也是无法满足服务对象的多样化需求的现实情境所致。家综社工能够利用"示弱"将自己所处的弱势地位最大化地表现出来，这是由所掌握资源的严重不足导致，由于资源的掌握不足，以及自身专业自主性的丧失，家综社工在处理问题的能力上显得微不足道。

3. 定量供给：锦上添花

在街头官僚的应对策略中，定量供给是应对有限的资源和无限的需求的矛盾的最好方法，而在家综服务中，也能够利用定量供给的方式，一方面为此与某些社区积极分子建立友好关系，另一方面做一些锦上添花的"面子"工程。在定量供给的过程中，面对有限的资源，家综社工在保证完成评估指标的前提下，往往会把目前所掌握的资源分配给与自己关系密切的服务对象。在 M 社区的幸福社区项目中，有人均 50 元的探访经费。当服务指标太多的时候，社工往往对符合要求的以及熟悉的服务对象进行探访，进一步拉近与其的关系，而忽略一些真正符合要求的服务对象，甚至对某些对于社工服务比较支持的服务对象采取"重复探访"的方式。

> 有时候的确会有一种深深的无力感，我们所开展的服务似乎更多的是一种锦上添花，而不是雪中送炭。不能说我们没有帮助到服务对象，只是觉得没有达到促进公平的目的。
>
> ——Miss M 访谈

为了完成服务指标，社工往往对某些服务对象进行反复的探访与服务，但是对于某些急需帮助的服务对象，社工又感到无能为力。这种无能为力不仅是对现状的一种真实反映，也成为锦上添花的最好理由。为了自身的生存与发展，社工不得不依靠这些锦上添花的服务做到让服务对象满意，让购买方看到自己的劳动成果。

在拥有自由裁量权的前提下，社工的行为会受到不同利益群体，如政府、机构等的限制。在这样的条件下，社工往往倾向于迎合购买方的利益需求。政府购买服务的现实条件导致家综的经费预算是由政府审批的。同时，由于政府与社会模糊的边界，中心不得不接受政府的行政干预。在行政干预的过程中，社工服务的开展也会受到政府科层制的影响，而影响实际服务，导致家综社工服务往往更倾向于选择锦上添花的服务。

二　积极运用在萌芽

在社工服务的发展过程中，受社会工作的专业性以及社工的伦理道德要求，自由裁量权的积极运用在社会工作中也得到萌芽，同时积极运用也是社会工作专业性的一种保证，能够促进社会工作专业的运用与发展。

（一）运用目的——保证专业性

在消极运用不断影响专业服务的过程中，越来越多的专家学者对于社会工作的专业性提出怀疑，强调家综社工应该重拾社会工作的专业性。自由裁量权虽然在目前的发展过程中仍是以消极运用为主，但是在现实服务过程中，我们也能够看到在某些事件中，家综社工正在运用自由裁量权回应社区居民的真正需求，回应促进社会公平的专业诉求。

家综在广州的发展既是促进专业发展的过程也是备受质疑

的过程。对于每年 200 万元的购买经费，不仅街道、居委会不理解，同时也招致了部分专家学者对于家综发展不专业的批评。而一定的自由裁量权不仅能够提高家综社工的服务效率，也能够提升服务的有效性，帮助到真正需要帮助的服务对象。在实际的服务过程中社工不仅能够成为"国家代理人"，也能够成为"公众代理人"，用自己的实际行动回应服务对象的实际需求。同时在实际服务中，也能够利用自由裁量权来回应专业性的要求，如选择真正需要帮助的服务对象，根据服务对象的实际需求合理安排服务内容等。

同时在与购买方以及服务对象的非平等关系中，专业性的缺乏也导致缺失了一个平等对话的权利。在之前的论述中我们已经讨论过，家综目前所处的非对等地位导致家综社工成为被动的接受者，而在成为被动的接受者之后，家综社工的服务往往受到购买方和服务对象的限定。拥有一定的自由裁量权能够用来反抗目前受限制的组织和环境因素，保证社会工作的专业性发展。首先，由于掌握了自由裁量权，社工能够决定服务的开展程度，如在长者生日会的开展过程中，虽然居委会规定了服务对象以及服务时间等因素，但是家综社工能够在有限的资源之下决定服务内容的开展，能够利用有限的资源为服务对象提供真正的帮助。在这样的目的之下，家综社工也开始在积极运用上进行探索与总结，开始了以服务带动专业发展的另类发展之路。

（二）积极运用策略分析

在目前的发展阶段，自由裁量权在家综服务中仍然是以消极运用为主，自由裁量权的消极运用也在一定程度上影响了专业服务的开展，导致目前的家综服务发展成了为求生存而不断妥协的应付式服务。在这样的发展背景之下，积极运用的萌芽也为社会工作的专业性开辟了另一种可能性。自由裁量权的积极运用能够在一定程度上回应服务对象的真实需求，能够提高服务对象的满意度，提升专业服务。在 X 街家综的服务过程中，家综社工虽然未对积极运用进行正面回应，但是也能够看到积极运用正在萌芽，并对 X 街家综的专业服务产生正面影响。

1. 分类：界定需求

在对自由裁量权的运用过程中，虽然家综社工会对服务对象进行分类，选择更容易接触到的服务对象来应对评估的压力，但是社工也开始有意识地对服务需求进行界定与分类，寻找真正有需求的服务对象，在有限的资源之下，真正帮到有需要的人。在进行长者服务的过程中，X 街家综虽然会为了完成服务指标，重复选择服务对象来参加长者领域的相关活动，但是也会对这些长者的需求进行界定，如在年度计划中，长者融爱计划、长者健康计划的制定，都是在对不同服务对象的需求进行分类，然后利用有限的资源帮助真正需要帮助的服务对象。在社工发现社区内曾多次发生失智长者走失的现象之后，家综社工增加了对失智长者的关注，申请了失智长者"社区照顾""社区安全"两个公益创投项目，来帮助社区内的失智长者。虽然失智长者项目并不是在长者工作指标之内的计划，但是长者领域社工还是积极利用有限的资源服务社区内的失智长者，长者领域一共挖掘与服务社区内失智长者近 30 名，不仅对失智长者的照顾者提供相应的支持，同时也实施关于失智长者的居家安全改造项目，帮助社区内的失智长者。虽然对于工作量的加大，社工会有一些抱怨，但是从社工对于失智长者的服务，我们也能够看到家综社工对于社区需求的回应，以及对于专业性的不断拓展。

2. 有限执行：应付

自由裁量权的积极运用不仅体现在对于服务对象的界定方面，也体现在对于某些非专业工作的应付。在之前的论述中，我们讨论过街道、居委会所增加的额外工作，对于这种类型的工作，在没有太多精力能够很好地完成的前提之下，家综社工会对某些服务进行选择性应付。

> 中秋节、国庆节两个节日连在一起，这么多居委会与我们进行合作，原本我们的确应该好好完成，但是实在是精力有限，所以我们会对计划书进行复制，你可以看到，我们中秋、国庆的活动基本上都是一样的游园活动，这样的话我们就不用花费太多的精力在活动计划书的写作、游戏道具的制作上……
>
> ——Miss P 访谈

对计划书的复制与游戏道具的重复利用，是对于街道、居委会增加的额外工作的一种应付行为。应付行为的背后是社工对于环境因素的无声反抗。家综社工往往在规定的服务之外需要承担许多额外工作，而额外工作的增加，会分散社工对于真正需求关注的精力，影响服务的提供。对于某些服务的选择性应付，既能够提高对于这种应付式工作的效率，节约时间帮助真正需要帮助的人，也没有降低所提供服务的质量。

3. 定量供给：雪中送炭

在实际的服务过程中，社工会利用自由裁量权的定量供给策略锦上添花，把有限的资源提供给最容易提供服务的服务对象。在此基础上，家综社工也逐步开始关注社区内需要关注的真正有需求的服务对象。

"社工要做的更多的应该是雪中送炭,而不是锦上添花。"在实际服务的开展过程中,虽然迫于指标压力,家综社工往往选择更容易招募到服务对象的活动来开展,但是也能够看到社区居民的真正需求,即使困难重重,也会在回应服务对象的前提下开展相应的服务。X街家综长者领域曾经开展过一个关于失智长者照顾家属压力释放的小组,以回应社区内失智长者社区照顾的压力。由于照顾者必须日夜照顾失智长者,所以从一开始的组员招募,社工就反复打电话进行解释。在招募到组员之后,小组进程也并不是那么顺利,每次都有组员因为要照顾失智家属而没能出席的情况。后来,经过慎重考虑以及与组员商议,小组被迫解散。这虽然不是一个非常成功的小组案例,但是能体现社工力求帮助失智长者家属的助人之心。这样的小组相较于长者舞蹈、唱歌小组来说,其受追捧的程度几乎为零,但这是回应社区需求的一种尝试。

积极运用是专业自主性助力的结果。在自由裁量权的影响之下,家综社工能够对服务的开展以及服务对象进行选择。国家、专业、服务使用者以及组织等不同的因素会影响社会工作在实际的服务中以消极运用为主,但是在实际服务开展过程中,家综社工同样能够利用自由裁量权选择专业性的社会工作服务,以达到社会公平的使命要求。

第三节 社会服务组织的选择性服务

在目前阶段的服务选择过程中,自由裁量权的运用主要是以消极运用为主。自由裁量权的消极运用是在我国的社会背景之下,国家、职业、专业以及服务使用者合力的结果。自由裁量权的消极运用是机构求得生存的应对之道,但是在这种求得生存的背景之下，社会工作专业自主性逐步丧失，发展处于被动地位。消极运用的背景之下，家综社工会考量自己所面对的服务对象以及所要开展的服务。

一 主动应对："活动化"与"指标化"的社区服务

自由裁量权在社会工作服务中的实践，受到复杂的政治和组织环境相互作用的影响，在这样的制度背景之下，社会工作者的行动意愿受到限制（Brodkin，1997）。由于自由裁量权以及街头官僚所面对的社会环境的变化，自由裁量权对于街头官僚实际服务的作用也经历了从以消极运用为主到积极运用不断凸显的发展历程。在家综服务过程中，社会工作者在面对过渡性的社会治理情境以及半专业化的社会工作服务现状时，对于自由裁量权的运用也是以消极运用为主，而自由裁量权的消极运用也影响了社会服务的提供。在面对第三方购买服务以及专业能力尚未完全体现的背景下，社会服务组织不得不利用自由裁量权寻求自保。Z区H家综督导就曾表示，无论如何，我们都不能够碰触街道的底线，特别是一些维权活动，社工最好不要参与（2015-9-29 Z区H家综督导Y访谈记录）。可见，社会服务组织对社会组织领域的强风险约束情境采取了自保策略，进行"弱风险"处理。

服务的"活动化"是目前广州市家庭综合服务中心的普遍现象，居委会对于社工的第一印象也是"搞活动特别厉害"。"活动化"是资源和约束下的结果，社会服务组织顺从了政府的逻辑，利用有限的资源做让街道看得到的事情来迎合街道的需求。以广州市Z区J家庭综合服务中心为例，在中秋、国庆之际，J家综会主动寻求和街道、居委会的"合作"，在街道内开展大型游园活动。一方面，邀请街道内的广场舞队进行表演，并邀请街道领导观看演出，让其看到社工们在日常工作中对于广场舞队的叔叔阿姨们的培育与关注；另一方面，提供丰厚的奖品以及发动社区居民积极参加活动，让街道看到社工们的"群众影响力"。而除了街道内的大型活动之外，J家庭综合服务中心的社工们还有一个非常重要的任务，就是协助辖区内的十多个社区居委会在各个社区内搞小型的游园活动，因为这些活动是居民喜欢的，也是政府要求的，所以社工不得不在各个社区内奔波完成任务（2015-11-12 Z区J家综T主任访谈记录）。

活动并不是家庭综合服务中心服务的主要内容，最后却成为社工们的"拿手好戏"。在评估指标中，社区活动的指标也是最容易完成的。"活动化"产生的主要原因一方面是让政府能够看到社工们的专业成绩，另一方面也是专业化不够的表现。在迎合政府需求方面，就如上文所举例说明的那样，活动能够让购买方看到社工们的成绩，看到社工们在社区内是如何营造其乐融融的浩大场面的。而在专业性方面，个案工作、小组工作和社区工作是社会工作的三大专业方法，但是在评估指标内社区工作的量化指标已经等同为社区活动，而社区活动更多的是以一次性参与的游园活动以及节目表演为主，对于服务对象的选取也没有要求，也不像个案工作那样强调服务对象问题的解决以及小组工作中对于小组动力发展的连续性的追求。每到评估末期，家综社工指标缺乏量最大的往往是个案工作，其次是小组工作。2015年，H家综末期评估专业个案的完成比例为78.18%，专业小组的完成比例为94.83%，而社区活动的完成比例高达144.85%（Z区H家综2015年末期评估报告）。

另一个应对的表现就是"指标化"。"指标化"出现的一个重要原因是求得自身的生存与发展。政府购买家庭综合服务中心项目并没有对项目目标进行明确规定，只是要求完成项目指标，而指标完成情况也是项目评估的重要评估因素。就政府购买家庭综合服务中心项目而言，项目是三年一周期，但是家庭综合服务中心必须每年接受至少一次中期评估和一次末期评估，所以社会工作者开展活动的一个重要标准就是能否满足指标的要求。而这种指标不仅会分领域进行划分，也会划分到每一个社工身上，成为社工绩效考核的重要指标。家综会给每个工作人员不同的项目指标，这些指标首先会划分到长者、青少年、家庭等不同的领域，然后每个领域又会根据工作人员的职位，如项目主管、一线社工、社工助理进行具体的划分。层层划分导致了项目的割裂，社工往往只关注自己所在的领域、所要完成的任务，而忽视了项目的整体目标，家综的年度计划书也只是存在于项目主管及家综主任的话语体系之中，社工们关注的只是自己的任务完成与否。以 BC 街家综个案指标为例，按照招投标签订的合同，2014~2015 年度其个案人次为 3582 人次，这些指标会根据家庭、长者、残障、青少年和特色服务等不同的分类来进行指标划分。

特别是到了第二个三年，指标量增加，基本上相对于以前是乘以 2 吧，比如以前的 30 个青少年个案现在直接到 70 了，12 个小组现在已经有 18 个了。在这种情况下，我们就没有那么用心去做，而且时间也不允许，服务质量肯定下降。那评估的时候怎么会有好成绩？那就把文档提上去。因为我们以前的总指标量是 20000 多一点，而现在一下子规定要到 30184 嘛，那你不按照这个数字投标，人家最高的是这个数，你中标你也得按照这个数来做。

——2015-12-11 广州市 Y 区 BJL 街家综
Y 主任访谈记录

家综项目常态化之后,指标量也不断增加,但服务质量有所下降。迎合指标是为了能够求得自身的生存,而这种生存的背后再次彰显权力关系的不平等。社工为了生存而不得不完成购买方所规定的任务,即使这些指标并一定是服务对象的真实需求。同时在满足指标的前提下,也容易导致服务对象参与同质化,这也是我们能够看到在家庭综合服务中心参加活动的人员似乎相对比较固定的原因之一。

"活动化"和"指标化"产生的原因是社会服务组织为了迎合政府的需求,求得自身的生存和发展,这是一种外显化的行动策略。而生存和发展的背后再次显现了社会服务组织所处的"底层"地位,以及自身半专业化的处境,社工的选择受到官僚机构的诸多限制而不得不妥协。

通过对这类积极行动的选择因素进行分析,我们可以发现它们有一个非常重要的共同特点:既能够满足服务提供者的个人需求,又能够支持或者不触碰到购买方的利益。在这个过程中满足服务对象的要求能够进一步促进家综社工们进行选择,尽管不是服务对象的真实需求,但也能够在某种程度上为服务对象带来一定的利益。这是一个双赢的局面,这种类型的服务也主要停留在社区治理的社区服务内容上,这也是家综能够选择行动的一个重要领域。

二 被动应对:消极被动与"象征性应付"

被动应对主要是家综不得不做,但是又不太愿意做的事情。这种类型的选择，从个人因素来说，并不能够给服务提供者带来个人利益，虽然是个人专业主要的要求，但不是强制要求，只是一种可做可不做的模糊概念。但是这些活动或者项目是客户因素及组织因素所要求的。就目前而言，这种类型的行动主要包括不能满足个人指标的各个活动的协助、购买方要求协助但是触及个人或者组织利益的项目以及难以开展的小组和社区活动等。

2015年10月，早已竣工的X街长者日托中心在家综隔壁举行揭牌仪式。通过活动以及电话招募而来的社区长者一大早已经到日托中心进行参观，并在居民群上传了一批批关于日托中心"高大上"的照片，崭新的健身器材、一排排按摩椅都在向大家暗示这又是街道斥巨资所购买的崭新的器材。但是开幕之后谁去开展服务，服务对象如何选取呢？其实早在开幕两个月之前，街道领导就和该家综的总干事进行过讨论，希望其能够在家综之外一并接下这个居家养老服务的项目。如果接下项目，就比如派专人进行专业社工服务、进行专业长者照顾，再加上日常服务的费用，这些远远不是十几万元的购买经费能够负担的，所以这场合作最终没有谈成。即使在这场没有谈成的合作项目中，家综也不得不妥协来开展部分的活动。在揭牌仪式当天去活动现场协助、一起招募揭牌当天的参访人员、相关部门进行突击检查的时候派人去隔壁值班……这都是家综社工们不得不进行的行动。家综社工们有权选择不做，不做的原因只是购买资金并不能够负担所有的行政开支，但是拒绝之后还是不得不进行行动，因为虽然这些行动不算作个人的绩效指标，但这是购买方所安排的任务，在"不打脸"的前提条件下，社工必须采取消极的行为进行行动。

Q社区的幸福社区"情暖夕阳"长者关怀服务计划是和M

社区的幸福社区长者服务计划一样的项目。用家综社工的话来说，Q 社区的幸福社区项目计划书是 M 社区的翻版，虽然是居委会进行申请，但是在撰写项目计划书的过程中是街道给家综安排的任务。考虑到当时的时间原因，社工们按照一个模板在对数据进行一定的删减和修改之后套用在不同的社区内。最终结果却是"搬起石头砸自己的脚"，街道把幸福社区的项目交给家综来做，家综的人只有那么多，任务却不断增加。即使总部某些管理层认为项目的申请能够有更多的活动经费用在服务对象身上，对于服务对象也是一件好事，但是没有考虑到家综社工们的工作压力，面对如此繁重的任务，在中心长者领域已经有一个板块主管、两名一线社工、两名社工助理的前提下还是不堪如此多的任务。两个幸福社区项目、一个失智长者项目，这的确是长者领域所不能够承担的。在有限的人力资本条件下，社工会选择相对容易的项目和小组活动，如 HF 社区的幸福社区项目，就是因为离中心较近，容易开展服务。而 M 社区离中心距离较远，如果想要到 M 社区开展服务，就必须从中心出发走近 20 分钟的路程赶上开往 M 社区的半个小时一趟的小巴。如果开展小组活动，还得选择在破败不堪的凉亭内和社区内打牌的爷爷奶奶们争抢活动场地；如果选择探访活动，则必须提着重达 10 公斤的探访物资。在这样的情境之下，长者领域的社工们对于在 M 社区开展活动的要求选择了拒绝，借口就是 HF 社区的评估迫在眉睫必须"赶指标"。但是街道每个月都要求有活动和探访报告，所以最终 M 社区的"开拓任务"就交给了两名长者领域的实习生。由于一名实习生在其他家综有过一段时间的实习经历，能够独立开展某些活动，所以，在看似尊重实习生需求实则暗示那边活动无人开展的前提条件下，两名实习生接下了 M 社区的幸福社区项目的开拓任务。从 2015 年 8 月到 10 月的 3 个月时间内，两名实习生在 M 社区一共开展 5 次社区活动、1 个 6 节的失智症预防小组以及近 20 次的上门探访。图 6-2 展示了 2015 年 9 月在 M 社区举行的宣传活动。额外项目的完成，对于一线社工来说有行政补贴，而对于实习生来说，则是"学习专业知识"最好的场域，正是抱着这样的心态，实习生们和社区叔叔阿姨们建立了良好的关系，但是随着服务的深入，实习生们的实习期也快要结束，当实习生提出项目转介的时候却没有社工愿意接下这些工作，理由也是五花八门，要不就说自己很忙，要不就说自己刚刚进来能力不够，最后这个工作也是项目主管运用行政职权安排给一个社工助理暂时负责。但是在这样的前提条件下，从 10 月到 11 月也没有在社区内开展过相关活动。

图 6-2 幸福社区宣传活动（2015 年 9 月 8 日，熊慧玲摄）

对被动行动的选择因素进行分析，我们可以发现其行动的一个重要因素是组织特性以及客户因素。购买方的要求和组织的行动特性要求家综社工不得不做，虽然缺乏个人因素的选择，但是家综及家综社工还是会选择去做，而不是毫无行动，不过这种行动只是消极被动的"象征性应付",而不是积极主动地采取行动。

三　不应对:回避与自我保护

不应对是指社工对于某些看似是社工服务的要求选择回避的态度。这样的考量也是基于组织因素。这类不应对的一个重要前提是可能不会招致购买方的反对,在这样的前提条件下家综往往选择保守的不应对策略。

在社区治理的背景下,家综社工被赋予了一个重要的职能,即社区公共问题的解决。但是在现实的情境中,家综社工似乎一直在回避这个话题,即使社区专案是新的评估方的重要要求,社工对于自认为会触及购买方利益的行动也会选择回避。在进行服务的过程中,实习生们发现所服务的 M 社区有一个重要的问题,那就是社区内无人管理,社区垃圾无人处理,治安问题令人担忧。实习生们通过日常社区走访发现这是一个由单位房改制而来的小区,一共 5 栋楼,256 户。由于大家原来都是一个单位的人,互相都认识,所以有非常好的群众基础。对于小区目前的状况,大家的意见是希望能够有人组织起来再次对小区进行自我管理。原来小区在单位物业撤走之后,曾经尝试过进行自我管理,但是部分有车的车主因为不愿意交车辆管理费所以状告至街道,在街道城管科的反对下,由退休老人和赋闲在家的妇女组成的自我管理小组被迫解散,同时还要承担购买相应设备的资金。这样小组成员们就表示自己再也不愿意蹚这趟浑水。至此,小区陷入无人管理的状态。在这样的背景下,实习生们根据自己在课堂上所学的社区工作方法,觉得可以通过动员社区积极分子再次组成管理小组,并通过投票和登记的方式让管理小组合法化。实习生把计划书交给机构督导，机构督导提出赞同，但是表示要征求机构主任的意见。但是在征求意见的过程中，实习生和主任以及某些社工有了第一次争吵。主任表示这样的行为站在社工的角度的确可以做，但是中心必须谨慎来做，因为这样有可能招致服务购买方也就是街道的反对。X 街道内多是低收入群体居住的保障房小区，小区内物业和居民之间的矛盾比比皆是，也有因物业与居民矛盾而闻名全国的"明星小区"。同时，有一些社工表示，这样的问题牵扯的利益方太多，我们不应该做。后来在某香港督导进行督导的过程中，实习生以及机构督导和香港督导发生了争执，香港督导对实习生的行动明确表示反对，甚至表示"连街道和居委会都解决不了的事情，社工怎么能够解决"。领域主管和实习生当时就对这句话产生怀疑，并提出了所谓社工专业性的要求。但是这句话也再次从侧面反映了目前家综社工的"无权"遭遇，社工不能碰触到任何购买方的底线。但是这样的境遇并不是说社工就没有行动空间，而是社工具备一个有限的行动空间，但是这个行动空间已经被购买方所控制。

社工的不应对有很多考量，或者是出于对自身的保护，害怕触及购买方的利益进而使自己丧失目前的项目；或者是在目前家综的行动空间内进行自我保护的一种方式，不管这个需求对于服务对象来说有多么迫切，只要触及购买方的底线或者貌似会触及购买方的底线，社工就不得不选择退出。

四 选择性服务：在"创新"和"碎片化"之间

受限定的自由裁量权以及社会工作的半专业化的境地会影响社会服务组织以及社工对于购买方以及服务对象的服务，导致社工对于其所提供的服务有所选择。从广州市家庭综合服务中心的服务来看，社会服务组织所提供的服务的两个重要的考量标准就是政府的逻辑和指标的逻辑。为了求得生存，社会服务组织在实际服务过程中，更加容易选择满足指标的能够让政府看得到的活动，即社会工作的选择性服务。

在外部环境的影响下，社会服务组织以及社工的自由裁量权受到国家权力关系、自身半专业化的专业处境以及对于自身服务目标不明确等因素的影响，进而影响了社会服务组织的自由裁量权，导致社工的自由裁量权受到限定。受限定的自由裁量权导致社工在面对街道时处于被动的地位，不得不接受街道的行政任务以及在街道的同意下开展实际服务。如 L 街道家综就表示，虽然在完成幸福社区指标的过程中自己感觉很累，但对于这种超指标的工作，又不得不完成。与居委会或者街道某些部门合作的活动也成为社会服务组织的任务之一（2015 - 11 - 25 X 区 G 街道 H 社工访谈记录）。节日是大家所期待的，却也是家综社工们最为"害怕"的，因为节日就意味着一个个的活动。基于对购买方的妥协，社工们往往倾向于选择政府能够看得到的"面子工程"——盛大的节日活动。同时，为了避免居委会的投诉，社工们不得不奔赴各个社区协助居委会完成其活动指标。

> 为什么会出现这么多的合作呢？很重要的一点就是，这是我们和居委会沟通进步的一种表现，之前我们和居委会的关系很紧张，他们甚至会到街道投诉我们。
> ——2015 - 10 - 28 H 家综 L 社工访谈记录

"选择性服务"导致一个完整的服务项目被割裂成一个个不同的领域，以及不同的服务内容。服务碎片化的重要原因是应对评估指标。家综项目常态化之后，指标量也会不断增加，如 Y 主任表示，由于指标的增加，服务质量会有所下降。而项目指标化产生的重要原因是求得自身的生存，而这种生存的背后再次彰显权力关系的不平等（2015 - 10 - 23 H 区 C 家综 X 主任访谈记录）。"选择性服务"产生的原因是社工在市场化的背景下，求得自身的生存和发展。

五 社会服务的困境：多方不满

这种妥协虽然为社会服务组织在社区内的生存提供了可能，但是也在一定程度上使社会服务组织陷入困境，招致多方的不理解，作为购买方的政府质疑每年 200 万元的购买经费值不值，作为服务主体的社工则反思在家庭综合服务中心的场域中社会公平的目标能否实现，而作为服务对象的社区居民还是会出现"家门口的服务机构无人知"的局面。"活动化""指标化"看似给了社会服务组织更多生存的机会，却影响了其自身的专业发展。

首先，从购买方的角度而言，在"活动化"和"指标化"的背后，购买方对于社会服务组织的认知固定在活动层面，影响了其对社会工作的专业认知，进一步阻碍了社工的专业自主性的增强。在 H 居委会的眼中，对于家综的第一印象就是搞活动特别厉害，因此当遇到重要节日时，居委会马上就会打电话到家综进行合作事宜的商讨，而在真正的社区问题，比如该街道由来已久的业主矛盾中，居委会则力求自己解决，不会与家综进行合作与商议（2015 - 08 - 24 Z 区 H 街道 T 社区 H 主任）。在"活动化"的背后，社会服务组织容易背上"搞活动特别厉害"的刻板印象，进而影响社会工作的专业自主性。

其次，就社会服务组织而言，"活动化"和"指标化"使社工达致社会公平正义的使命难以体现，影响社工的专业性提升以及专业服务的提供。社会工作的重要目标就是达致社会公平，但由于社会工作所面对的购买方的行政压力以及自身服务指标的压力，社会服务机构的重要目标就是满足购买方的要求，完成服务指标，而忽视了社会工作的目标和使命。

最后，就服务对象而言，"活动化"和"指标化"一方面固化了社区居民对社工的认知，另一方面也导致社会服务难以拓展，进而难以满足不断扩大的社会需求。社工在进入社区之初会开展相应的社区活动以吸引社区居民的关注，这是非常好的进入社区的方法。但当社区活动成为一种常态时，社区居民容易把社区活动和社工等同看待，认为社工就是在社区内搞活动的工作人员。而且社区活动的开展虽然能够吸引大量的社区居民参与社会服务，但是社区活动的进行也占用了工作人员的工作时间，进而影响其他服务的开展。如在 H 街、BC 街以及 D 街家综都表示社区活动的指标完成完全不是问题，社工也更愿意组织社区活动，但会影响其他指标，特别是个案工作的指标难以完成。

第七章
社会服务困境与社区工作模式的标准化

新的社区服务体系的设置回应了以往需要满足的有效性问题，调整社会服务单元，匹配群体的需要，但在提高需要满足的有效性的同时也出现了新的问题，群体的需要在面上获得满足，但实质上是否有效满足还需要进一步评估。在这一阶段的服务中，治理情境的过渡性和社会工作机构的消极自由裁量权等共同作用，导致了多方不满，出现了社会服务的困境（黄晓星、熊慧玲，2018）。这种困境的出现体现了社会对需要满足有效性的要求在进一步提高，如何真正匹配社区需要，是下一步社区服务体系调整的方向。

自2012年以来，尤其是2015年以来，广州市逐步改革家庭综合服务中心，对服务内容的设置及评估进行大幅度改革，以应对之前出现的困境。其中包括承接购买服务的社会服务组织的规范化、对社区工作模式中政府部门与社会服务组织的关系调整、对服务内容的设置及评估等各方面。

第一节 社会服务主体关系的调整

社区工作模式的形成和发展嵌入社区治理体系和社会工作专业制度中，其中核心是政府部门和社会服务组织等的关系样态，通过社会服务网络为社区提供服务。不同层级政府部门通过控制权限的调整，推动社会服务体系的完善，其实质是建立一个街区的社区服务新体系。

一 管理权限的调整[①]

管理权限的调整在每一阶段都会进行，呈现为在市、区、街道等不同层级部门的浮动（徐盈艳、黎熙元，2018）。在试点阶段，管理权限主要在市一级民政部门，购买方也是市民政局。《关于印发广州市街道社区综合服务中心试点建设期间三个工作规范的通知》（穗民〔2010〕320号）附件1《广州市街道社区综合服务中心实施政府购买服务流程规范（试行）》中指出，市民政局统筹协调全市社区综合服务中心建设工作，更加细化地提及了不同部门的相关安排，纳入了社会工作类社会组织的职能安排，协作从政府部门内的横向协作转向了跨部门、跨组织的协作。经过一年试点，家庭综合服务中心全面推广。《关于加快街道家庭综合服务中心建设的实施办法》（穗办〔2011〕22号）确定了政府购买社会服务的方式，即"政府出资购买、社会组织承办、全程跟踪评估"，是"理顺基层社会服务管理体制、推进街道社会服务管理改革创新的重要内容"。《推进我市社会管理服务改革开展街道社区综合服务中心建设试点工作方案》规定，甲方（资助方）为区（县级市）政府或其工作部门，乙方（项目实施及管理方）为街道办事处，丙方为街道社区综合服务中心承办机构；而2011年文件规定区（县级市）民政局为合约组织实施的监督方（丙方），街道办事处为政府购买社会服务的购买方（甲方），中标的民

[①] 此部分更详尽的论述可参考徐盈艳、黎熙元（2018）和黄晓星（2018）。

办社会服务机构为服务提供方（乙方）。可见，从试点到加快建设确定了不同的执行主体，后者加大了街道作为基层管理单位的职责，管理主体从市民政局转向街道办事处，彰显了管理权限下沉和基层跨部门网络构建的趋势。试点阶段以市民政局为购买方主体，有助于控制项目的实施，总结出可以实施的家综模式；而全面铺开后以街道办事处为购买方，则有助于社会服务体系的落地，社会服务能够下沉到街道和社区之中，也能够逐步回应不同街道街区的需求。

全面铺开之后，家综即纳入街区管理体系，作为"三中心一大队"中的一个中心运行。购买方的转换事实上是管理方的转换，在一些街道则希望纳入家综人员为己所用。《中共广州市委办公厅 广州市人民政府办公厅印发〈关于加快街道家庭综合服务中心建设的实施办法〉的通知》（穗办〔2011〕22号）要求"各区（县级市）有规划、有步骤全面组织开展家庭综合服务中心建设工作。到2011年底，全市所有条件成熟的街道要开展家庭综合服务中心建设工作；到2012年上半年，全市每个街道至少建成1个家庭综合服务服务中心"。广州市在组织登记方面也进一步放宽了对社会工作机构的限制。评估权限也从市一级部门转到区一级部门，通过管理权限的下沉来实现对家综的属地管理。

但这种管理方式也较容易出现社会服务组织自主性不足的问题，家综成为街道的附属部门，而未能发挥其专业性。2015年，家综迈入第二个周期的服务，广州市对项目招投标和评估进行调整，出台了《广州市民政局关于印发广州市家庭综合服务中心项目招标文件有关文本设定指引（试行）的通知》（穗民〔2015〕213号），进一步调整管理权限。文件对社会服务组织可承接项目书、基本规范设置做了清晰指引，并限制街道办事处的行政管理权限。在招投标技术指引中设置街道特色项目分值为 5 分，激励社会服务组织注重街道的特征。在评估权限上，市民政局统一安排，评估权限上浮，这有利于市一级对全市项目的统筹和执行。通过权限的重新划分，市级部门掌握评估权、街道办事处掌握管理权的权限结构开始运作。

二　承接购买服务的社会服务组织的规范化

从试点到第一周期的社会服务过程中，不同的社会服务组织成长起来，承接购买的服务，但服务效果差异较大。鉴于从试点到第一周期社会服务组织的参差不齐，《广州市家庭综合服务中心项目招标文件商务评分标准设定指引（试行）》（穗民〔2015〕213 号附件 2）对社会服务组织提出更多的要求，通过不同部分的分值设定在某种程度上促使社会服务组织形成规范的治理结构。附件 2 包括以下四个部分。

第一部分为投标机构的法人治理和机构管理情况，占 10 分，其中社会组织评估等级（机构参与各级民政部门实施的组织等级评估）占 5 分（获得 5A 等级得 5 分，4A 等级得 4 分，3A 等级得 3 分，"获得 2A 等级及以下，或尚未评级但依法登记 1 年以上且承接过政府购买服务项目的，得 2 分"，"尚未评级但依法登记成立 1 年以上未承接过政府购买服务项目的，得 0.5 分"，"依法登记成立 1 年以下的，得 0 分"）。社会组织评估的分数要求承接的社会服务组织有较强的能力，最终能够顺利进入投标和中标的大部分是 5A 或 4A 的社会组织。"有规范的财务管理执行能力"占 3 分，"有理事会（董事会）、'监事'，并有健全、规范的工作制度（成员名单、身份证、备案登记表或聘书复印件、相关工作制度）"占 2 分。通过条件的设置，保证承接购买服务的社会服务组织具有相对应的专业能力和运营能力。

第二部分为投标机构计划为本项目配备的专业人员数量及资质状况（10分），其中包括符合资质要求的督导、具有多年服务经验的项目主任和领域主管、工作人员20人（专业人员不少于14人，专业人员中持有助理社工师资格证、社工师资格证的人员不少于10人）。"为项目至少配备3名符合资质要求的督导"占3分，其中，细致规定了境外督导、高校督导、本土培育的督导的不同要求，如境外督导需持有所属地官方的社工注册资格证明、拥有10年以上社会工作实务经验；高校督导需拥有3年以上社会工作专业教学、研究或实务工作背景，并经本市社工行业认证登记；本土培育的督导，资质应符合要求，拥有5年以上社会工作实务经验，并经市社工行业协会认证登记。这在专业人员的维度上保证了社会服务组织的专业性，也使每个家综的人员结构趋向一致化。在运营能力方面，投标机构近3年来承接社会工作服务项目若评估获得优秀等级的，每次得1分；投标机构也需具有较强的公信力和诚信度。

第三部分强调社会服务机构项目的运营情况（10分），考虑到运营机构的经验和能力，要求提供投标机构近3年来承接社会工作服务项目的情况（5分）及投标机构近3年来的公信力和诚信度的情况（5分）。

第四部分强调社会服务机构的社会参与及资源整合能力（10分），投标的条件设定也逐步调整政府部门和社会服务组织之间的关系，要求社会服务组织能够积极参与社会政策倡导、参与社会公共事务，服务于街区安排。如机构团队应能积极参与政府部门举办的慈展会、公益创投等活动，参与省、市政府部门开展的社会救灾等社会服务活动，向各级人大代表、政协委员等提交政策性提案等。这个投标机构指引推动社会服务机构参加各项社会服务大赛、参与街区或市区社会政策制定和倡导、提高资源整合能力。

2017年修订的《广州市家庭综合服务中心项目招标文件商务评分标准设定指引（暂行）》对原来的文件进行了修改。原先第二部分关于督导和人员配置的分值10分取消，而第三部分社会工作项目的运营情况调整为第二部分，分值由10分调整为15分，对社会服务机构原有项目运营的重要性增强。这个分值的调整也推动了社会工作机构在街道服务的稳定性，而新成立的社会工作机构进入街区社会工作项目服务难度逐步增加。

第二节 社会服务过程的标准化与规范化

社区治理体系和社会工作专业化影响社会服务组织的自由裁量权，上一章谈及在这种自由裁量权下社会服务组织的选择性服务，这种选择性服务最终导致社会服务的困境。这也促使政府部门不断调整社会服务政策，通过规范化和标准化对社区工作模式进行规制。为了提高服务效率，避免政府购买服务的失败，广州市设置了标准化的流程（黄晓星，2018）。

一 招投标流程的标准化

《关于加快街道家庭综合服务中心建设的实施办法》（穗办〔2011〕22号）指出，家庭综合服务中心服务项目采购"纳入政府采购管理范畴，按照政府采购相关规定和程序，采取公开投标、邀请招标、竞争性谈判、单一来源采购及经县级以上人民政府确定的其他方式，确定承接运营的民办社会工作服务机构"。实施政府购买服务的流程和规范要求也比较明确：首先，制定项目计划书，包括根据社区和居民的需求，设计相关的服务计划；其次，公布信息和政府采购，街道发布采购信息、召开供需见面会等；再次，签订合约和拨付资金，确定三年一个周期，确定民政局为监督方、街道为购买方等；最后，运营与评估。要求家庭综合服务中心必须面向辖区内全体居民，想方设法回应服务需要。购买方和服务提供方要加强服务监察。评估由区民政局负责。

《广州市家庭综合服务中心项目投标机构基本条件设定指引（试行）》（穗民〔2015〕213号附件1）进一步对投标的社会服务组织进行规范，要求投标机构具有较强的能力、健全的治理结构、完善的财务管理等，并且要求"投标机构符合国家有关政事分开、政社分开的要求"（无现职公务员兼职）。该指引还规定，同一法人举办的社工机构在广州市承接家综项目不得超过6个，以限制在第一周期中盲目扩张的社会服务组织的规模，保证服务质量。在第一周期的服务中，有部分社工机构承接的家综已经超过6个，这意味着该机构必须进行调整，以控制在较为适合的规模内。

二 服务指标和内容的标准化

对于第一周期中出现服务工时虚高的状况，《广州市家庭综合服务中心项目招标文件服务工时标准设定指引（试行）》（穗民〔2015〕213号附件4）对服务工时的计算依据和标准进行了统一规定，要求按照相关劳动法律法规要求，按照245天计算（工作日250天－年假5天），算上女员工产假，每周5天、40小时工作周及20名人员要求，算出项目年度有效服务总工时为27440小时、间接服务工时为3804小时、直接服务工时为 22852 小时。文件规定，招标文件服务工时设定不得超过项目年度专业服务总工时的 110%，即 30184 小时，最低不得低于 22852 小时。对于服务工时的设定占招投标分数中的 20 分，若超过最高范围，投标即废标。这个设定指引有效地规范了家综的服务工时，使其更符合相关法律法规要求，更具有劳动合法性，也抑制了第一周期通过抬高服务工时恶性竞争的局面。

在第一周期实践过后，家综逐步形成了项目的运作逻辑。从项目服务需求、服务设计、项目总目标到各领域分目标、项目服务专业方法、服务内容都进一步规范化。《广州市家庭综合服务中心项目招标文件技术评分标准设定指引(试行)》(穗民〔2015〕213 号附件 3) 总共分为八部分，分别就项目需求调研、项目服务需求及服务目标的辨识确定能力要求、项目计划的专业服务内容要求、项目经费预算保障计划要求、项目计划实施的制度保障要求、项目服务计划实施的专业方法要求、项目服务计划实施的专业研究能力要求、项目服务设计的其他要求（由项目所在地或区民政部门依据项目所在地社区的需求设立的特色服务或创新服务）提出要求。首先，投标机构要对该街道的用户进行需求调研，这在某种程度上要求机构跟街道有密切的联系，调研具有可行性，事实上有利于原有的机构；其次，在调研的基础上区分重点服务对象和一般服务对象，体现社会服务的价值导向，要求以低保、残障、孤寡、外来人口等困境人士或群体为主。项目要求服务内容为青少年服务、长者服务、家庭服务、义工服务（可选）、社区专案（可选）、其他服务（可选）等，并列明了各项服务的要求。由于第一周期中出现的社会服务组织关注细微服务而忽略了社区要求的问题，在第二周期中规定每个家综应提供社区发展服务，协助街镇介入社区发展的公共服务问题不少于2个。

2017年8月1日,广州市启动家庭综合服务中心标准化建设(见图7-1),预计三年时间内(2017年8月至2020年8月)设计家综VI和CI,构建统一的家综品牌及形象,并制定社工服务质素标准和管理标准,将具体工作共分为评估期、制定期、完善期、推广期、覆盖期五个阶段。①

图7-1 广州家综社工服务标准化建设推进

资料来源:http://www.gzsg.org/article/id/4268.html。

第三节 从"碎片化"到试图整合:评估改革及113X模式的应用

通过一系列文件的出台,广州市民政局逐步推动家庭综合服务中心的改革,以回应上述出现的各种质疑。针对区和街道对家庭综合服务中心管理上的问题,改革通过评估的统一化和

---

① http://www.gxnews.com.cn/staticpages/20170804/newgx5983f2ef-16410211.shtml.

评估权限上浮的方式进行；针对服务的碎片化问题，新一轮的改革希望通过强调社区专案及党建引领来实现服务的整合。

一 评估的统一化

评估的有效运作是保证政府购买公共服务的关键（徐家良、赵挺，2013）。社会服务组织需要向购买方、监督方及社会公众交代其服务的进展状况及自我评估。家综评估是对综合服务多方需求回应的监测。从试点到 2015 年（第一周期），广州共有 7 家评估机构对家综进行评估，家综评估是区域化的，每个区的标准不尽相同。为了避免不同的标准导致服务的差异，广州市民政局于 2015 年统一了评估标准。在评估体系的设置上，对每一个领域的服务进行评估，在不同年份调整设置的分值：2015 年的评估标准是分层分类的服务需求是 8 分，服务目标的设置是 6 分，服务设计是 7 分，服务成效是 35 分，服务产出是 10 分，服务方法是 24 分，针对上期评估整改/完善情况是 10 分，总分为 100 分；而 2017 年的评估分值则是分领域服务需求分析为 10 分，服务目标设计为 8 分，服务设计为 8 分，服务支持（主要针对督导）为 10 分，服务成效（针对个案、小组、社区活动）为 40 分，服务产出为 14 分（主要针对指标的完成情况和服务的覆盖面），针对上期评估提出关注的问题的整改情况为 10 分，总分为 100 分。

2015 年，广州市民政局对评估承接方进行了重新调整，通过区域的分布将不同区和不同的评估内容划分到不同的包组之中，由不同的社会组织来承接（见表 7-1）。评估标准统一，家庭综合服务中心评估分为四个包组，广州市社会工作协会负责广州市家庭综合服务中心评估培训督导及中期评估，广东省社会工作师联合会、广州市福力社会服务评估发展中心分别负责广州市家庭综合服务中心 A 片区、B 片区末期评估,广州市东山穗东税务师事务所有限公司负责广州市家庭综合服务中心财务评估。其中,包组一还需承担评估培训督导的工作,由广州市社会工作协会中标,对其他包组有指引和规范的作用,也承担起在家综评估中最为关键的角色。

表 7-1 广州市家庭综合服务中心评估调整

包组号	项目内容	服务期限	承接组织
包组一	广州市家庭综合服务中心评估培训督导及中期评估	以 2015 年至 2016 年广州市 A、B 片区所有家综项目的评估工作期限为准,具体时间由合同约定	广州市社会工作协会
包组二	广州市家庭综合服务中心 A 片区末期评估	以 2015 年至 2016 年广州市 A 片区所有家综项目的评估工作期限为准,具体时间由合同约定	广东省社会工作师联合会
包组三	广州市家庭综合服务中心 B 片区末期评估	以 2015 年至 2016 年广州市 B 片区所有家综项目的评估工作期限为准,具体时间由合同约定	广州市福力社会服务评估发展中心
包组四	广州市家庭综合服务中心财务评估	以 2015 年至 2016 年广州市 A、B 片区所有家综项目的评估工作期限为准,具体时间由合同约定	广州市东山穗东税务师事务所有限公司

资料来源:《广州市家庭综合服务中心评估与监督统筹工作服务采购项目中标公告》,http://www.caigou2003.com/tender/success/320929.html。

二 从群体到社区:需要满足的不同类型及社区服务体系调整

从第一周期的服务来看,需要满足的主要对象是群体,社区成为服务供给的空间单元。但在发展过程中,满足的有效性受到质疑,人们认为财政的大量投入并没有带来应有的需要满足。"活动化"和"指标化"的社区服务带来了多方不满,也导致社会服务陷入困境(黄晓星、熊慧玲,2018)。在后续的调整中,需要的类型更为丰富化和立体化,以避免原有的服务碎片化的问题。

2015年,在家庭综合服务中心第二周期的服务中,在原本的群体领域的基础上新增社区层面的总体服务,以回应第一周期服务中对家综服务不足的批评。2015年11月23日,在"广州市家综评估基础知识和要求(评委篇)"的培训中,主讲人重点强调新增的总体服务评价,在2012~2015年的服务中个案、小组、社区工作被简单理解为活动,这是原有服务存在的不足,因此在第二周期的服务中需关注社区层面"问题取向"的社区公共问题的调研分析介入和社区层面"发展取向"的社区培育需求分析与引导。在成效方面,观察问题缓解与解决(任务目标);社区资源分析、培育、链接(过程目标);社区组织、社区领袖培育等号召参与、协商机制建立(过程目标)。

新的评估体系期望通过评估指挥棒扭转以往家综服务存在的过度"碎片化、微观化"的服务倾向,促进家综服务项目在社区更好地发挥综合化、公益化和专业化的服务平台作用,以全面提升服务质量和促进社工服务对象需求满足为根本目标,本着让家综服务"回归服务对象需要、回归社区发展需要和回归项目运营需要"三回归基本原则。

——2015-11-23家庭综合服务中心评估培训记录

倡导整合性的社区服务,试图对碎片化的服务进行整合。可见,在这一轮的社区服务调整中,家庭综合服务中心从以群体的需要为主转向群体和社区需要并重的思路,社区本身也成为需要满足的对象,而非只是容纳群体需要的单元。服务体系的调整也反映了服务主体与购买主体(街道办事处)新的关系的调整,家综服务必须满足服务对象、社区、项目运营三方的需要,成为综合的服务平台。

  公共问题决定者和解决者往往是服务对象或政府部门,而社工机构在介入公共问题时,其主要承担客观、公正的第三方职责,其角色是协助收集反馈各方意见、发动居民参与、开展问题调研、促进交流对话、提供合理化建议或服务方案等,是促进问题的解决者,而不是问题的直接决策者和解决者。

  社工机构在社区的发展性服务主要是围绕老年人、青少年、妇女、残障等某类人群的某些发展性、预防性和支持性需要而提供的服务,应在回应不同人群的社区性、社会性需要并搭建社区参与、社区文化交流、社区义工、社区互助平台等公共服务方面发挥调查研究、参与倡导、资源链接整合、服务机制搭建、组织或骨干培育等专业服务作用。

——2015 – 11 – 23 家庭综合服务中心评估培训记录

从2018年底开始,广州市将家庭综合服务中心改名为社工服务站,从"3 + X"模式调整为"113X"模式,包括:"1"个核心项目——强化党建引领社会工作服务,"1"个重点项目——突出辖区居民群众最迫切、最需要、最直接的社会工作服务,"3"个基础项目——夯实家庭、长者、青少年社会工作服务,"X"个特色项目——探索拓展多领域的社会工作服务。① 强化党建引领社会工作服务是现阶段的重点,以优化对群众的服务,解决群众关心的问题及回应群众的需要。

前面两个"1"将社会服务机构的服务重点从群体转向社区,从而强化机构对社区的功能。在该指引下,社工服务站除了注重原本的群体领域外,开始介入社区各项重点实务。以YH街为例,其将2018~2019年度的服务主题设定为"发挥党建的引领作用,推动'三社'联动,实现社区共融(宏观)",T社工服务中心承接YH街社工服务站,强调充分发挥党建在社区发展过程中的引领作用,立足街情需求,大力推动"三社"联动,实现社区共融。在服务过程中,以党建工作方法论贯穿指导专业社会工作服务,逐步实现社区、社会组织及社工的社区共融。YH街围绕街区需求,将第二个"1"设定为YH河保护专案和邻里关系营造专案。

  通过宣传的方式,引导居民了解YH河环境保护的重要性,了解并认同YH街在YH河治理过程中所做的努力;通过倡导的方式,呼吁居民从自身做起,不乱排污、不乱丢垃圾和废物并通过监督的方式,共同保护YH河;组建YH河保护义工队,通过监督的方式,对向YH河排污、丢弃废物等现象进行检举,通过定期清洁的方式,协助环卫部门共同维护YH河的环境卫生。

  通过开展系列以邻里为主题的宣传活动及游园活动,从中发掘对邻里关系营造较关注的居民,并通过小组活动

---

① http://www.chinasocialwork.cn/content/6444.

将其发展为居民领袖；引导居民领袖参与到邻里关系营造的探讨和实践中，并通过开展系列培训，提高居民领袖参与到社区事务中的能力，定期举办居民领袖团建活动，不断深化社工与居民领袖之间的互动关系；以居民活动场地为基站，每周一至周五安排社工和居民领袖值班，及时发布最新的社区活动信息以及公布居民领袖参与社区事务情况，并为有需要的居民提供力所能及的帮助。

——2018~2019年度广州市H区YH街社工服务站末期评估自评报告

其他家综从2018年开始也逐步改名，并进入113X模式的服务周期。党建引领要求社会服务机构加强社会组织党建，同时引领党员更多参与社区事务。党的领导贯穿居民自治、社会服务等领域，也逐步推动社工服务站实现跨边界的社区服务。在这两个统领的"1"的指引下，YH街社工服务站进一步设计群体领域的服务，也将群体领域的目标置于共融的要求之下。

社区服务的调整充分体现了对原有需要满足有效性的评估，对以往碎片化的诟病进一步解决。党建引领立足于在社区层面更好地整合社会资源进入社会服务过程中，以更有效地满足社区居民的需要。

第八章
结论与讨论

社区工作模式嵌入社区治理体系和社会工作专业制度之中，受到两者的共同影响。上述基于广州市家庭综合服务中心（社工服务站）的运作实践指出了过渡治理情境下社区工作模式的状况：综合服务的社区工作模式逐步成熟完善，但同时也出现社会服务的困境，社区工作模式正是在多方力量的共同作用下逐步调整和发展的。

第一节 社会服务与社区工作模式的治理情境再分析

宏观的治理模式变迁影响社区治理模式，社区治理情境是社区工作模式形成和发展的首要前提要素。中国的社区工作与社会服务领域面对着过渡治理情境，也产生较大的张力。

一 社会服务的过渡治理情境特点

首先，在社会服务领域，政府与社会组织之间的关系与西方不同，政府对社会组织处于培育和管理的状态之中。西方发达国家开展社会服务是基于边界清晰及非营利组织的强大；而中国首先需要培育社会组织、厘清职责边界，在此基础上购买服务的跨部门合作网络才有可能被培育出来。对于英、美等发达国家来说，跨部门合作能力提升意味着与不同主体共同合作完成公共服务供给，并且要考虑服务和组织的控制问题；而对于中国基层管理者来说，先要把不同主体培育壮大，将社会力量培育出来，在此基础上再形成跨部门合作的网络。这对于基层管理者的能力要求更高，广州购买社会服务政策中则将培育社会组织作为政策的重要内容，承接的社会服务组织本身即培育的对象，通过社会服务组织又培育一批新的社区社会组织，逐步发展壮大跨部门合作网络。由于社会组织能力的欠缺，政府部门作为购买方为了保证社会服务的效果，需要谨慎选择社会服务组织及控制风险。政府更希望考虑社会服务专家和技术人员在市场中的运作，他们能够从众多社会服务组织中挑选，并对这些承接的机构实施一定的控制。但现实是，中国并不存在有规模的社会组织以供选择。因此，基层政府部门有目的性地选择高校、国企事业单位创立的社会服务组织承接服务，前者依赖技术优势，后者则依赖关系和信任优势；或者自己创立一个社会服务组织承接服务。基层管理者必须持续进行跨组织边界管理，而这三种类型的组织的管理方式也比较不同，需要基层政府领导掌握不同的技能，主要是识别专业组织及发展专业组织的能力。这种选择性将某些社会服务组织排除在外，同时对于承接的社会服务组织，政府部门亦持培育的态度。政府部门与社会服务组织之间的含混模糊态度是过渡治理的重要体现，一方面需要社会服务组织作为伙伴来承接服务，另一方面需要控制创新的风险。在这样的情境中，不同层级的政府部门也不是铁板一块，各级部门对家综的控制权的分配，造成了社会服务的控制权在市、区、街道等不同层级之间的浮动（徐盈艳、黎熙元，2018），这也体现了政府政策的意图，以及在社会服务领域中政府与社会组织之间关系状态的变迁。

其次，在过渡治理情境中，政府部门加强对社区工作的干预，强调社会服务输送过程中的管理。基层政府通过将家庭综合服务中心建设成为服务平台，以整合辖区内的诸多主体资源，建构跨部门合作的网络。但不同社会主体并非通过行政命令达成合作的目的，而是需通过不断的沟通、协调与博弈等。网络中包括街道办事处、居委会、社会服务组织、企事业单位、社区居民等，包括正式关系和非正式关系，而且随着时间变化也在不断变化。家综的实践指出了中国政府和社会组织伙伴关系建构完善的方向，常态的沟通制度、平等动态的合作关系、相互尊重都是其中重要的元素。在社会服务过程中，基层政府与社会组织的关系在微妙变化，社会工作的理念也逐步进入街道领导、居委会干部的认知中。

最后，通过评估管理，保证政府购买服务的绩效。政府往往希望通过使用绩效指标监控私营部门的活动与绩效（哈里·科臣，2009）。家庭综合服务中心的评估也关乎市政府及基层政府的绩效问责，近几年政府的财政投入在全国都比较靠前，而在财政上也要有所交代。公共服务伦理要求，承接组织把委托人的利益置于首位应成为专业人员的第二本质（艾伦·劳顿，2008：111），但不同人对该利益的判断又不一致，可能出现服务人员的自由裁量与街区需求的偏离。服务人员在服务过程中直接与公民打交道，也容易产生冲突（Lipsky, 1980）。因此，基层政府在跨部门合作的评估中，也不可避免要对这些多元需求进行回应。

二 不同社会治理主体的边界和关系调整

政府购买社会服务与社会工作机构进入社会服务体系是社区服务的供给侧改革、社区服务体系调整的重要一极，通过对需要满足的有效性的评估，调整不同的内容及提供主体。从全国层面来看，基本的趋势是市场、国家和社会三者之间的协调分工合作，从政府作为单一主体下有限的、民政范畴的福利或服务，到20世纪90年代国有企业改制背景下将市场纳入社区服务中，十余年来将社会组织等不同主体纳入。社会服务的供给侧改革考虑通过何种方式提供社会服务，前述提及英国将社会服务纳入社会照顾体系中，以政府主导为主要的依赖结构；而美国着重于拓展外部的非营利部门作为合作伙伴，强调专业化的社会服务供给。中国的社会服务供给接近于二者的混合体，既将社会服务视为社会福利体系的重要部分而设置，同时也强调外部的社会组织发展，通过其来承接该部门的服务。这种方式一方面带来了服务供给的迅速提升，另一方面带来了相对应的问题。

其一是体系的稳定性与外部社会力量引入的张力。社区建设将社会服务作为重要组成部分而构建出社会服务的单元，后者作为社区的一部分。举例来说，广州市十余年的社区管理创新改革设置了"三中心一大队"，家庭综合服务中心则作为街道社区治理体系的部分。这种模式类似于英国将社会工作作为社会照顾体系的一部分。但同时，引入社会工作机构承接等于引入外部的社会力量进入街区权力结构中，二者存在较大的张力。现有的研究提及社会工作机构被吸纳到街区权力结构中（朱健刚、陈安娜，2013），即蕴含着社会组织力量应该保持独立性的前提，充分体现了二者的张力。由于这种张力的存在，社会组织亦需要平衡自身的角色，如边界的动态平衡（黄晓星、杨杰，2015）。

其二是体系的科层化与社会服务专业化的张力。体系有较强的吸纳力，而希望将社会服务组织转变为"为我所用"的下属单位。与居委会类似，社会服务机构也可能被行政化，处理街道、社区各种行政事务，而这种科层化与专业化的社会服务发展背道而驰。

因此，社会服务的供给侧改革需要重点强调不同主体如何重塑合作的关系，即国家、市场、社会等不同主体之间的边界厘清及职责界定的议题。

第二节 社会工作专业制度与社区工作模式选择

广州的政策实践引入了第二个重要议题的讨论——社会工作专业制度与专业的社会服务输送。社会工作作为一种社会制度，是在多重制度逻辑安排下产生和发展的，中国的社会工作发展有着与西方不同的制度逻辑；在多重制度逻辑下，社会工作实践呈现不同的面貌，呈现一种内嵌于现有的管理体系之下的工具性的专业主义，也是一种半专业化的状态。

一 多重制度逻辑与社会工作实践

英国工业革命之后，西方的社会工作经历了很长的发展阶段，在实践中逐步专业化和职业化。西方情境下的社会工作经过几个世纪的发展，经历了专业化、去专业化的过程，同时在政府的资助上，经历了完全依靠民间力量、政府资助、政府一笔过拨款等几个发展阶段。社会工作专业及社会工作类的组织在发展的过程中形成了具有本土特色的专业伦理、专业实践和专业的理论与方法及反思精神，社会工作是一种具备灵活性的专业，正是因为具备了这种灵活性，才可以处理社会工作实践场域中的不确定性和模糊性（Nigel Parton、Patrick O'Byrne,

2013)。

中国的社会工作发展呈现不同的状态,发展速度较快,尤其是十多年的专业实践体现了这一点。同时,矛盾的触发也更为集中,作为"舶来品"的社会工作还未能较好地适应本土的情境。从本书的研究点来看,其原因在于制度(清晰的行政制度安排与模糊的发包制度)与专业(模糊的专业制度与具体的专业指标)之间的矛盾。从制度安排来讲,一系列清晰的行政制度与模糊的专业制度结合在一起,使得属地管理无所适从,而只能从控制和监管的角度入手去做,以避免风险最大化。模糊性是社会工作的根本属性之一,社会工作在社会主流和那些可能被排斥在主流之外的人之间扮演了根本性的中介角色,涵盖了服务和控制的双重属性,既关注服务对象的解放,同时也常常需要代表国家一级通过更广泛的社会秩序的维持来开展工作。中国的社会工作实践诞生于政府大力推广政府购买服务的情境之下,专业自一开始发展就被置于强制度约束与单一资源的背景脉络之中,组织专业实践缺乏反思性,着眼于开拓市场和品牌建设,再加上行业力量的缺失、专业支持力量薄弱等因素,最终构建了一种工具性的社会工作,脱离了回应民众需求的根本属性,主要是回应社区管理体制的要求,试图建立一种符合政策期待的社会工作,但专业制度本身对于社会工作的界定是模糊的。

同时,模糊的发包制度与清晰的具体指标又结合在一起,社会工作者和社会服务组织能够通过各种行动策略完成指标,但不是社会工作回应公平正义、解决社会问题的使命导向。为了获得生存和发展,社会服务组织在专业实践中摇摆不定,组织内的工作人员不知该如何开展工作,唯有以合同和指标作为工作的指引,因此,目前的社会工作主要是以量化指标和服务人群为基础的社会工作。政府的层层监管使得社会工作在宏观设计上难以展示专业性，需要配合相关的社区管理主体开展工作，而在具体的服务方法上，又需要一线社工通过自身专业能力的展示来获得专业性，但由于经费的限制、职业发展路径的不完善，一线社工普遍缺乏足够的生活阅历和专业实践的积累，悬空的督导体系和忙于开拓市场的组织未能为一线社工提供足够的专业支持，在实际专业性服务的开展中，社工难以运用自身对专业过程、专业知识和技巧以及与服务对象之间的沟通来展示社会工作的专业性。社工忙于完成制度所要求的指标，专业性的追求让位于合法性的需求（徐盈艳、黎熙元，2012）。

二 社会工作专业制度与半专业化

在中国现有的制度安排下，制度、组织和专业支持体系的不完善促使社工忙于完成指标，而缺少对于组织使命、专业价值观、专业理论、专业实践的反思，倾向于一种"实用专业主义"的构建（雷杰、黄婉怡，2017）。社会工作正在逐步丧失其理想信念，社会工作类的社会组织更多的是在完成指标性的、浅层次的工作内容，忙于市场竞争而忽略组织内部的专业能力建设，组织缺乏使命感，在项目的执行中缺乏专业反思精神和专业积累，社会工作逐渐成为社区活动等的载体，居民对于社工的印象停留在"好人""开展好多活动"上，而并未建立"专业人士"的形象。专业文书不能很好地展现专业过程、专业理论和专业方法，社会工作发展的过程中面临越来越多的质疑声，社会工作组织面临重重的合法性危机。

西方学界对自由裁量权的运用主要强调积极的自由裁量权的运用，并与专业化联系在一起。在新管理主义盛行的控制性文化时期，社会工作者能够谨慎地把关，对于有限资源的供给成为社会工作者的主要活动（Harris，1998）。越来越多的研究者希望转向积极的合作关系，突破传统街头官僚重点关注组织内部的决策过程，将自由裁量权的运用放置于一个立体的关系网络之中。Durose 的研究表明，当代公共部门中的街头官僚能够充满活力和创造性地解决两大传统问题，即管理和治理下的工作困境（Durose，2007），也就是说，街头官僚能够利用自身的自由裁量权解决在管理向治理转型过程中的工作困境问题。

社会工作从西方产生、发展开始，就带着极大的模糊性，这种模糊性与其需求的回应有关，这也是西方讨论社会工作者自由裁量权的重要背景。西方的社会工作发展就是自下而上的专业发展与自上而下的服务体系构建互动的过程。而在中国语境下，社会工作本身是一个自上而下构建的过程，政府尝试用新的方法，通过试点进行试验，力图克服这种模糊性带来的困扰。因此，过渡治理情境的试错特征及调整特征非常明显。但是，国内的社会工作专业化发展并未与国外同步，而缺乏博弈和互动的能力，当自由裁量权出现时，半专业化发展的社会服务组织的回应即选择性服务和行动。在过渡治理情境中，社会服务组织和社会工作者并未发展出西方语境下的积极的自由裁量权，而是以消极的自由裁量权为主导。社会服务组织的服务供给依循下列路径：①从社会管理到社会治理转型的社会情境之下，社会服务组织拥有的自由裁量权受到限定，进而影响实际服务；②社会工作半专业化是目前社会工作面临的实际情况，进而影响服务专业性以及专业自主性的发挥；③自由裁量权和半专业化的社会工作使得社会服务组织在面对复杂的服务环境之时，会出现"活动化"和"指标化"等外显性行动策略。这种社会服务的输送路径与社会服务本身的属性有密切联系，本书的研究主体——社会服务是一种综合性的服务，在前期发生这些问题后，政府希望通过各种规制促使其走向实用专业主义（雷杰、黄婉怡，2017）。

不过，从群体到社区的服务也是对街区需求的实用性的回应，在某种程度上增加了服务的供给。政府购买社会服务的引入回应了以居委会为主的社区服务对需要满足的无效及不足，通过主体多元化的引入，构建多层次的社区服务体系，吸引更多社会主体进入社区服务领域，强调对需要的满足。

第三节 社会服务的困境与转向

社区工作模式即在过渡治理情境和社会工作专业制度相互作用下被选择和发展。本研究以广州市家庭综合服务中心为例，家综的发展嵌入治理结构之中，成为广州市社区治理体系"三中心一大队"的一部分，这首先使其受到治理情境的约束。综合服务的社区工作模式成为对以往社区建设的补充和发展，通过社会服务组织来承接。这种服务模式广而全，覆盖范围广，体现了作为一种基本福利的普适性原则。但综合的服务与社会工作专业发展结合在一起，导致碎片化分割的服务状况产生，最终导致社会服务出现诸多困境。为了解决这种困境，地方政府和行业协会也尽力调整综合服务的模式，使其更契合治理的需求。同时，单项服务的购买在一定程度上也补充了原有模式的不足。

社会服务在创新社会治理的过渡治理情境中快速发展，社会服务组织成为社会服务的主体。过渡治理情境、消极自由裁量权的互动对社会服务组织的服务供给产生影响，进而导致社会服务困境的产生。西方街头官僚理论等的自由裁量权概念需要修正,才能够用于解释中国社会服务组织和社会工作的发展。由于面对的情境不同,社会服务组织在实际服务过程中所运用的自由裁量权并没有成为专业自主性的保证,反而成为规避风险的武器。

本书研究综合的社会服务,而在其他的一些专项社会服务中,如社区矫正,由于更明确的治理规定,以及更为强调技术化的手段,公共服务人员拥有一定程度的法定的自由裁量权,可能呈现不同的情况。对于本书研究的一般性的社会服务来讲,其面对更多的结构性问题,如弱势群体的帮扶(外来人员的子女教育问题等),社工难以真正回应服务对象的需求,受到各种限制。社工拥有的受限定的自由裁量权是受到多方力量制约的结果。自由裁量权的消极运用主要是一种在现实状况之下求得生存的选择。社工考虑到不同利益群体对实际服务的影响,会权衡利弊选择规避风险的服务。在这种消极运用之下,社工会在街头官僚理论的管理模式之下发展出自己的行动策略以求得自身的生存。而这种求得生存的策略即"活动化"和"指标化",但会导致不同的行动主体对于社会服务的不满,出现服务困境。

其根本的原因需要回到对过渡治理情境的进一步分析中。从现阶段的发展方向来看,政府部门给出的解决方案是新管理主义的解决方案,即希望从过渡治理情境转向新管理主义,如社会工作协会孜孜不倦地进行评估体系的修正,服务的标准化以及对指标的完善等。而家庭综合服务中心的指标化在某种意义上也内化了这种管理主义。更关键的是,中国并不存在新管理主义所发展起来的社会情境。创新社会治理是现阶段转型的重要方向,但到目前为止,我国的主要治理策略还属于层级治理（hierarchical governance）（Kooiman，2003：116），掌舵和控制是主要的特征。在控制的前提下，激发市场和社会的活力以提供公共物品是必要的，但在该体系下往往伴随着后者的弱化。同时，西方社会工作者发展到较高程度之后进入新管理主义时代，虽然后者对前者积极自由裁量权存在约制，但专业化的社会工作队伍也能在一定程度上进行回应和反抗。反观之，中国社会工作发展面对层级治理和新管理主义的双重约制，与专业发展相伴随的积极自由裁量权尚未形成，但政府的含混及观望态度，导致了消极的自由裁量权。

在过渡治理情境中，社会工作的自由裁量权会得到消极运用，而使社会服务组织所存系的自主空间成为社会服务困境产生的原因。自由裁量权与社会工作专业性是一对相辅相成的概念。在西方社会工作的发展中，自由裁量权能够使社会工作者有更大的自主性空间，而这种自主性空间的给予，在一定程度上能够促进社会工作专业自主性的发展。而在我国社会工作特别是政府购买社工服务的家综社工中，自由裁量权在受到不同利益群体的限制之后变成一种"生存策略"，影响了家综社工的专业性，变成一种在政府限制之下的服务选择。就目前家综发展而言，自由裁量权的"消极运用"阻碍了社会工作专业性的发展。同时，在这种阻碍之下，家综社工在面对所服务的社区时会对服务行动有所选择，以求得自身的生存与发展。在不对等的治理情境中，公共服务购买方与承接方缺乏一个平等对话的平台，社会工作者所拥有的消极自由裁量权成为社会服务组织求得生存的最好工具，再加上社会工作在目前的社会环境之下处于半专业化的境地，进一步导致社会服务在社区服务过程中出现行动困境。而这种发展又反过来验证了某些属地政府部门一开始的不信任感，进而导致社会服务陷入恶性循环。

在广州市 2015～2018 年政府购买服务的改革中，市民政局以更为综合的方式强调党建引领、引导家综往社区的方向发展，体现为关注街区需求及社区整合、资源动员，这在一定程度上强化了其在街区中的治理功能，使其更好地融入治理体系。但在社会工作专业能力提升方面还是比较欠缺的，大而全的综合服务与小而专的单项服务往往不太容易结合在一起。为了更为多元地回应街区的需求，不同的政府部门、群团组织也通过条线的购买设立单项服务，满足特定人群的小而精的需求。

社会服务的困境是社会结构情境与社会组织能动性互动所产生的后果，只能从两方面着手进行改进。其一，从治理情境来看，社会服务困境根源的解决应该从过渡治理情境转向第三方治理，建设责任相对清晰的类伙伴合作关系，真正发挥第三方治理的力量，在服务过程中积极寻求双方平等合作的位置。这就要求将综合服务中心建设为一个综合的服务平台，并成为协同治理的平台，社会服务组织能够动员不同主体的资源，为服务对象提供服务与支持。其二，在社会工作专业化尚未完全发展的前提下，弹性的评估指标设置是必要的，而这必须对社会服务组织的能力发展给予支持。必须对自由裁量权进行一定的设置和规范，但是设置和规范并不等于限定自由裁量权在专业服务中的选择权，而是如何能够更好地对自由裁量权进行积极运用。对于消极自由裁量权的克服主要是对社区居民事务管辖权的部分让渡，以及通过社会服务组织自由选择权来提供服务。这不仅仅是社会工作的自主选择，也体现在服务对象和项目在立项时的决定，建立社会服务组织与服务对象的良性互动。

社会工作者只有通过不断的专业实践的反思，才能将科学的知识在实践的过程中得以明确（Schon，1983）。在专业领域，政府与社会服务组织共享同一套社会工作伦理价值观，基于共同的价值观开展工作。这要求政府在社会政策的实施过程中，充分发挥行业协会的伦理规范作用，建设与中国相匹配的、统一的社会服务伦理，为社会服务组织提供指引。而对于社会服务组织来说，自身的能力建设、机构制度化、专业能力要求也是至关重要的，关乎整个社会服务体系的公信力。在现有的制度夹缝中，社会工作类社会组织应如何应对，建立自己的专业边界与专业权威，构建社会工作专业性与社会工作专业合法性，成为社会组织发展的核心命题。

参考文献

艾伦·劳顿，2008，《公共服务伦理管理》，冯周卓、汤林弟译，北京：清华大学出版社。

鲍威尔、迪马吉奥，2008，《组织分析的新制度主义》，姚伟译，上海：上海人民出版社。

卜玉梅，2012，《虚拟民族志：田野、方法与伦理》，《社会学研究》第6期。

蔡屹、何雪松，2012，《社会工作人才的三维能力模型——基于社工机构的质性研究》，《华东理工大学学报》（社会科学版）第4期。

曹长义，2014，《街头官僚：基于国内研究文献的述评》，《山东行政学院学报》第12期。

陈鹏，2016，《城市社区治理：基本模式及其治理绩效——以四个商品房社区为例》，《社会学研究》第3期。

陈涛，2011，《社会工作专业使命的探讨》，《社会学研究》第6期。

褚松燕，2008，《中外非政府组织管理体制比较》，北京：国家行政学院出版社。

戴维·A.哈德凯瑟、帕翠霞·R.鲍沃斯、斯坦利·温内科，2008，《社区工作理论与实务》，夏建中等译，北京：中国人民大学出版社。

郇啸，2011，《社会工作专业能力培养的CDIO工程教育模式探析》,《现代教育科学》第 3 期。

邓锁,2005,《双重制度逻辑与非营利组织的运行——一个新制度主义视角的解释》,《华东理工大学学报》(社会科学版)第 4 期。

邓正来,1998,《市民社会与国家 - 学理上的分野与两种架构》,载邓正来、J.C. 亚历山大编《国家与市民社会———种社会理论的研究路径》,北京:中央编译出版社。

邓正来,2002,《国家与社会——中国市民社会研究的研究》,载邓正来《市民社会理论的研究》,北京:中国政法大学出版社。

邓正来,2005,《国家与市民社会———种社会理论的研究路径》,载邓正来、J.C. 亚历山大编《国家与市民社会———种社会理论的研究路径》,北京:中央编译出版社。

多戈夫、洛温伯格、哈林顿,2005,《社会工作伦理》,隋玉杰译,北京:中国人民大学出版社。

方鹏飞,2015,《街头官僚研究的历史叙事》,硕士学位论文,南京大学。

F. 埃伦·内廷、彼得·M. 凯特纳、史蒂文·L. 麦克默特里,2006,《宏观社会工作实务》,刘继同、隋玉杰译,北京:中国人民大学出版社。

方英,2016,《政府培育下的社工机构发展》,北京:社会科学文献出版社。

福克斯,2008,《政治社会学》,陈崎、耿喜梅、肖咏梅译,北京:华夏出版社。

G. Reamer Frederic,2009,《社会工作价值与伦理》,包承恩、王永慈译,台北:洪叶文化事业有限公司。

高淑清,2001,《在美华人留学生太太的生活世界:诠释与反思》,《本土心理学研究》第 16 期。

高振荣、陈以新,1989,《微观水平向宏观水平过渡的理想模式——杭州市长庆街道社区服务调查报告》,《社会学研究》第 6 期。

葛道顺,2012,《社会工作制度建构:内涵、设置与嵌入》,《学习与实践》第 10 期。

葛兰西,2000,《狱中札记》,曹雷雨、姜丽、张跣译,北京:中国社会科学出版社。

古学斌、张和清、杨锡聪,2007,《专业限制与文化识盲:农村社会工作实践中的文化问题》,《社会学研究》第 6 期。

顾东辉、王承思、高建秀,2009,《社会工作:一体多面的专业》,上海:上海社会科学院出版社。

顾昕、王旭,2005,《从国家主义到法团主义——中国市场转型过程中国家与专业团体关系的演变》,《社会学研究》第 2 期。

管兵,2013,《城市政府结构与社会组织发育》,《社会学研究》第 4 期。

桂勇,2007,《邻里政治:城市基层的权力操作策略与国家-社会的粘连模式》,《社会》第 6 期。

郭伟和,2010,《街道公共体制改革和国家意志的柔性控制——对黄宗智"国家和社会的第三领域"理论的扩展》,《开放时代》第 2 期。

郭伟和,2014,《后专业化时代的社会工作及其借鉴意义》,《社会学研究》第 5 期。

哈贝马斯,1999,《公共领域的结构转型》,曹卫东、王晓珏、刘北城、宋伟杰译,上海:学林出版社。

哈里·科臣,2009,《第 5 章 提供地方/城市服务》,北京:清华大学出版社。

韩志明,2008,《街头官僚的行动逻辑与责任控制》,《公共管理学报》第 1 期。

韩志明,2010,《街头官僚的空间阐释——基于工作界面的比较分析》,《武汉大学学报》(哲学社会科学版)第 4 期。

韩志明,2011,《街头官僚及其行动的空间辩证法——对街头官僚概念与理论命题的重构》,《经济社会体制比较》第 3 期。

何海兵,2003,《我国城市基层社会管理体制的变迁:从单位制、街居制到社区制》,《管理世界》第 6 期。

何艳玲,2006,《社区建设运动中的城市基层政权及其权威重建》,《广东社会科学》第 1 期。

何艳玲,2009,《"中国式"邻避冲突:基于事件的分析》,《开放时代》第 12 期。

何艳玲、蔡禾,2005,《中国城市基层自治组织的"内卷化"及其成因》,《中山大学学报》(社会科学版)第 5 期。

胡水,2015,《单位福利的转型与变异》,博士学位论文,吉林大学。

胡文龙、林香生,1994,《社区工作价值观和原则》,香港:香港中文大学出版社。

黄何明雄、周厚萍、龚淑媚,2003,《老年父母家庭照顾中的性别研究概观——以香港的个案研究为例》,《社会学研究》第 1 期。

黄晓春,2015,《当代中国社会组织的制度环境与发展》,《中国社会科学》第 9 期。

黄晓春,2017,《中国社会组织成长条件的再思考——一个总体性理论视角》,《社会学研究》第 1 期。

黄晓星，2011，《社区运动的"社区性"——对现行社区运动理论的回应与补充》，《社会学研究》第 1 期。

黄晓星，2012，《市民社会的"间隙生产"——南苑"社区代理权"系列诉讼的拓展分析》，《开放时代》第 5 期。

黄晓星，2013，《国家基层策略行为与社区过程——基于南苑业主自治的社区故事（1995－2012）》，《社会》第 4 期。

黄晓星，2018，《社会服务外包中的协同共治——基于广州市政府购买社会服务政策实践的研究》，《福建论坛》（人文社会科学版）第 8 期。

黄晓星、熊慧玲，2018，《过渡治理情境下的中国社会服务困境 基于 Z 市社会工作服务的研究》，《社会》第 4 期。

黄晓星、杨杰，2014，《社区治理体系重构与社区工作的行动策略——以广州 C 街道社区建设为研究对象》，《学术研究》第 7 期。

黄晓星、杨杰，2015，《社会服务组织的边界生产——基于 Z 市家庭综合服务中心的研究》，《社会学研究》第 6 期。

黄宗智，2009，《改革中的国家体制：经济奇迹和社会危机的同一根源》，《开放时代》第 4 期。

金家厚、吴新叶，2002，《社区治理：对"社区失灵"的理论与实践的思考》，《广东社会科学》第 5 期。

卡佳，2005，《"购买服务"政府的钱不好花》，《社区》第 5 期。

凯特尔，2009，《权力共享——公共治理与私人市场》，孙迎春译，北京：北京大学出版社。

凯西·卡麦兹，2009，《建构扎根理论：质性研究实践指南》，边国英译，重庆：重庆大学出版社。

康保锐，2009，《市场与国家之间的发展政策：公民社会组织的可能性与界限》，隋学礼译，北京：中国人民大学出版社。

康晓光、韩恒，2005，《分类控制：当前中国大陆国家与社会关系研究》，《社会学研究》第 6 期。

莱斯特·M. 萨拉蒙，2008，《公共服务中的伙伴——现代福利国家中政府与非营利组织的关系》，田凯译，北京：商务印书馆。

赖因哈德·施托克曼、沃尔夫冈·梅耶，2012，《评估学》，唐以志译，北京：人民出版社。

雷杰，2014，《"专业化"，还是"去专业化"？——论我国社会工作发展的两种话语论述》，《中国社会工作研究》第 1 期。

雷杰、黄婉怡，2017，《实用专业主义：广州市家庭综合服务中心社会工作者"专业能力"的界定》，《社会》第 1 期。

雷杰、罗观翠、段鹏飞、蔡天，2015，《广州市政府购买家庭综合服务分析研究》，北京：社会科学文献出版社。

雷杰、罗观翠、段鹏飞、蔡天，2015，《探索·回顾·展望——广州市政府购买家庭综合服务分析研究》，北京：社会科学文献出版社。

黎安国，1994，《社区工作模式的选取》，载甘炳光等主编《社区工作：理论与实践》，香港：香港中文大学出版社。

黎熙元，2007，《现代社区概论》，广州：中山大学出版社。

李汉林，1993，《中国单位现象与城市社区的整合机制》，《社会学研究》第 5 期。

李汉林，2004，《中国单位社会：议论、思考与研究》，上海：上海人民出版社。

李慧凤，2010，《社区治理与社会管理体制创新——基于宁波市社区案例研究》，《公共管理学报》第 1 期。

李骏，2009，《住房产权与政治参与：中国城市的基层社区民主》，《社会学研究》第 5 期。

李普斯基，2010，《基层官僚：公职人员的困境》，台北：学富文化事业有限公司。

李慎，1988，《城市街道社区和城区街道体制的改革——重庆市市中区街道体制改革的实践与思考》，《社会学研究》第 1 期。

李同，2011，《现阶段本土性社会工作之专业关系研究》，《社会工作》（学术版）第 10 期。

李小宁、田大山，2003，《无偿服务非营利组织中的委托 - 代理关系》，《北京航空航天大学学报》（社会科学版）第 2 期。

丽娜·多米内利，2008，《社会工作社会学》，刘梦译，北京：中国人民大学出版社。

林本炫，2007，《不同质性研究方法的资料分析比较》，台北：教育社会南华教社所。

林诚彦、卓彩琴，2012，《对社会工作专业本科教育核心能力本土化的实证探索——兼对社会工作专业核心主干课程体系的反思》，《社会工作》第 7 期。

刘承水、胡雅芬，2012，《政府与社会工作机构互动关系研究》，《北京城市学院学报》第 4 期。

刘继同，1994，《"全国社区建设研讨会"综述》，《社会学研究》第 2 期。

刘建平，2001，《世纪之交的问题意识与新范式探索——日本学者对中国"结构变动"的研究》，《当代中国史研究》第 2 期。

刘培伟，2010，《基于中央选择性控制的试验——中国改革"实践"机制的一种新解释》，《开放时代》第 4 期。

刘志红，2003，《传统社会的人际交往特性对建立社会工作专业关系的影响》，《求索》第 2 期。

柳拯，2012，《建构中国特色社会工作专业人才制度体系——〈关于加强社会工作专业人才队伍建设的意见〉解读》，《广东工业大学学报》（社会科学版）第 2 期。

陆素菊，2005，《社会工作者职业化和专业化的现状及对策》，《教育发展研究》第 19 期。

罗观翠、王军芳，2008，《政府购买服务的香港经验和内地发展探讨》，《学习与实践》第 9 期。

吕方，2013，《治理情境分析：风险约束下的地方政府行为——基于武陵市扶贫办"申诉"个案的研究》，《社会学研究》第 2 期。

马尔科姆·派恩，2008，《现代社会工作理论》（第三版），冯亚丽、叶鹏飞译，北京：中国人民大学出版社。

马克思、恩格斯，1995，《马克思恩格斯全集》，中共中央马克思恩格斯列宁斯大林著作编译局译，北京：人民出版社。

马歇尔，2007，《公民身份与社会阶级》，载郭忠华、刘训练《公民身份与社会阶级》，南京：江苏人民出版社。

米切尔·黑尧，2004，《现代国家的政策过程》，赵成根译，北京：中国青年出版社。

闵学勤，2010，《社区冲突：公民性建构的路径依赖——以五大城市为例》，《社会科学》第 11 期。

尼尔·保尔森、托·赫尼斯，2004，《组织边界管理：多元化观点》，佟博等译，北京：经济管理出版社。

彭华民，2006，《福利三角：一个社会政策分析的范式》，《社会学研究》第 4 期。

塞利格曼，2005，《近代市民社会概念的缘起》，载邓正来、J. C. 亚历山大编《国家与市民社会——一种社会理论的研究路径》，北京：中央编译出版社。

沈黎、刘斌志，2006，《双重关系——社会工作中专业关系的伦理困境》，《西南农业大学学报》（社会科学版）第 4 期。

沈毅，2007，《"仁"、"义"、"礼"的日常实践："关系"、"人情"与"面子"——从"差序格局"看儒家"大传统"在日常"小传统"中的现实定位》，《开放时代》第 4 期。

施芸卿，2013，《自我边界的"选择性固化"：公民运动与转型期国家—个人关系的重塑——以 B 市被拆迁居民集团行政诉讼为例》，《社会学研究》第 2 期。

宋秀卿、项飚，1997，《社区建设和我国城市社会的重构》，《战略与管理》第 6 期。

孙炳耀、方明、王琦、王颖、李汉林，1988，《企业职能的改变与社区整合新模式的建立》，《社会学研究》第 1 期。

孙立平，1992，《改革以来中国国家与社会关系的演变》，《中国社会科学季刊》（香港）。

孙立平、王汉生、王思斌、林彬、杨善华，1994，《改革以来中国社会结构的变迁》，《中国社会科学》第 2 期。

泰勒，2005，《市民社会的模式》，载邓正来、J. C. 亚历山大编《国家与市民社会——一种社会理论的研究路径》，北京：中央编译出版社。

唐钧，1990，《当前我国城市社区服务综议》，《社会学研究》第 5 期。

唐钧，2002，《社会政策的基本目标：从克服贫困到消除社会排斥》，《江苏社会科学》第 3 期。

童敏，2006，《中国本土社会工作专业实践的基本处境及其督导者的基本角色》，《社会》第 3 期。

童敏，2009，《社会工作本质的百年探寻与实践》，《厦门大学学报》（哲学社会科学版）第 5 期。

王芳、李和中，2008，《城市社区治理模式的现实选择》，《中国行政管理》第 4 期。

王名、刘求实，2007，《中国非政府组织发展的制度分析》，《中国非营利评论》第 1 期。

王名等，2014，《社会组织与社会治理》，北京：社会科学文献出版社。

王浦劬、莱斯特·M.萨拉蒙，2012，《政府向社会组织购买公共服务研究——中国与全球经验分析》，北京：北京大学出版社。

王青山、刘继同，2004，《中国社区建设模式研究》，北京：中国社会科学出版社。

王诗宗、宋程成，2013，《独立抑或自主：中国社会组织特征问题重思》，《中国社会科学》第 5 期。

王思斌，2007a，《试论我国社会工作的本土化》，《中国社会导刊》第 12 期。

王思斌，2007b，《走向发展型社会政策与社会组织建设》，《社会学研究》第 2 期。

王思斌，2009，《我国适度普惠型社会福利制度的建构》，《北京大学学报》（哲学社会科学版）第 3 期。

王思斌，2011，《中国社会工作的嵌入性发展》，《社会科学战线》第 2 期。

王思斌，2014，《社会工作参与社会治理创新研究》，《社会建设》第1期。

王思斌、阮曾媛琪，2009，《和谐社会建设背景下中国社会工作的发展》，《中国社会科学》第5期。

王星，2012，《利益分化与居民参与——转型期中国城市基层社会管理的困境及其理论转向》，《社会学研究》第2期。

卫小将，2015，《专业是如何打造的？——英美社会工作发展路径与挑战》，《学习与实践》第4期。

魏静，2008，《中国地方政府购买服务》，硕士学位论文，上海交通大学。

文军、何威，2016，《社会工作"选择性服务"现象及其反思》，《学习与探索》第7期。

吴清军，2004，《基层行政吸纳社会的实践形态与反思》，第36届世界社会学大会论文。

希尔斯，2005，《市民社会的美德》，载邓正来、J.C.亚历山大编《国家与市民社会——一种社会理论的研究路径》，北京：中央编译出版社。

笑思，2001，《西方思想中的"个人-社会"模式及其宗教背景》，《华南师范大学学报》（社会科学版）第5期。

熊易寒，2012，《从业主福利到公民权利——一个中产阶层移民社区的政治参与》，《社会学研究》第6期。

熊跃根，1998，《成年子女对照顾老人的看法——焦点小组访问的定性资料分析》，《社会学研究》第5期。

熊跃根，2006，《论中国社会工作本土化发展过程中的实践逻辑与体制嵌入》，载王思斌编《社会工作专业化及本土化实践》，北京：社会科学文献出版社。

徐家良、赵挺，2013，《政府购买公共服务的现实困境与路径创新：上海的实践》，《中国行政管理》第 8 期。

徐珂，1998，《居委会能成为社区居民自治组织吧？》，《社会》第 10 期。

徐琦、莱瑞·赖恩、邓福贞，2004，《社区社会学》，北京：中国社会出版社。

徐选国，2016，《从专业性、本土性迈向社区公共性：理解社会工作本质的新线索》，《社会科学战线》第 8 期。

徐盈艳，2019，《社会工作专业的建构》，《兰州大学学报》（社会科学版）第 3 期。

徐盈艳、黄晓星，2015，《促成与约制：制度嵌入性视角下的社会组织发展——基于广东五市政府购买社会工作服务的实践》，《新视野》第 5 期。

徐盈艳、黎熙元，2012，《政府购买服务规制下的社会工作机构发展——广东四个城市试点项目的比较研究》，《当代港澳研究》第 4 期。

徐盈艳、黎熙元，2018，《浮动控制与分层嵌入——服务外包下的政社关系调整机制分析》，《社会学研究》第 2 期。

阎云翔，2006，《差序格局与中国文化的等级观》，《社会学研究》第 4 期。

杨敏，2007，《作为国家治理单元的社区——对城市社区建设运动过程中居民社区参与和社区认知的个案研究》，《社会学研究》第 4 期。

杨敏，2010，《我国城市发展与社区建设的新态势——新一轮城市化过程社会资源配置的社区化探索》，《科学社会主义》第 4 期。

杨念群，1998，《近代中国史学研究中的"市民社会"》，载张静编《国家与社会》，杭州：浙江人民出版社。

杨善华、孙飞宇，2005，《作为意义探究的深度访谈》，《社会学研究》第 5 期。

杨薇，2014，《挣扎与反思：一线社工建立职业自主性的限制与可能》，《社会福利》（理论版）第 4 期。

殷妙仲，2011，《专业、科学、本土化：中国社会工作十年的三个迷思》，《社会科学》第 1 期。

尹振东，2011，《垂直管理与属地管理：行政管理体制的选择》，《经济研究》第 4 期。

尤金·巴达赫，2011，《跨部门合作：管理"巧匠"的理论与实践》，北京：北京大学出版社。

俞可平，1999，《治理和善治引论》，《马克思主义与现实》第 5 期。

虞维华，2005，《非政府组织与政府的关系——资源相互依赖理论的视角》，《公共管理学报》第 2 期。

郁建兴、周俊，2002，《论当代资本主义国家与社会关系的变迁》，《中国社会科学》第 6 期。

曾家达、殷妙仲、郭红星，2001，《社会工作在中国急剧转变时期的定位》，《社会学研究》第 2 期。

翟学伟，2004，《人情、面子与权力的再生产——情理社会中的社会交换方式》，《社会学研究》第 5 期。

张和清，2011，《社会转型与社区为本的社会工作》，《思想战线》第 4 期。

张济顺，2004，《上海里弄：基层政治动员与国家社会一体化走向（1950—1955）》，《中国社会科学》第 2 期。

张佳安，2003，《社区工作模式》，《社会福利》第 12 期。

张磊，2005，《业主维权运动：产生原因及动员机制——对北京市几个小区个案的考查》，《社会学研究》第 6 期。

张磊、刘丽敏，2005，《物业运作：从国家中分离出来的新公共空间 国家权力过度化与社会权利不足之间的张力》，《社会》第 1 期。

张宇莲，2009，《"专业性"社会工作的本土实践反思——以灾后重建为例》，《社会》第 3 期。

张兆曙，2010，《城市议题与社会复合主体的联合治理——对杭州 3 种城市治理实践的组织分析》，《管理世界》第 2 期。

赵美风、戚伟、刘盛和，2018，《北京市流动人口聚居区空间分异及形成机理》，《地理学报》第 8 期。

周春发、付予光，2008，《居家养老：住房与社区照顾的联结》，《城市问题》第 1 期。

周黎安，2014a，《行政发包制》，《社会》第 6 期。

周黎安，2014b，《再论行政发包制：对评论人的回应》，《社会》第 6 期。

周晓丽、党秀云，2013，《西方国家的社会治理：机制、理念及其启示》，《南京社会科学》第 10 期。

朱国明，2002，《上海：从废保甲到居民委员会的诞生》，《档案与史学》第 2 期。

朱健刚，1997，《城市街区的权力变迁：强国家与强社会模式——对一个街区权力结构的分析》，《战略与管理》第 4 期。

朱健刚、陈安娜，2013，《嵌入中的专业社会工作与街区权力关系——对一个政府购买服务项目的个案分析》，《社会学研究》第 1 期。

朱静君，2015，《关于规范政府购买公共服务招投标和评估工作的建议》。

朱静君、阎安，2005，《对"社会工作"专业课程设置特色的思考》，《广东工业大学学报》（社会科学版）第 S1 期。

Kathleen McInnis-Dittrich，1997，《整合社会福利政策与社会工作实务》，胡慧嫈译，台北：扬智文化事业股份有限公司。

Lena Dominelli，2008，《社会工作社会学》，刘梦、焦开山、廖敏利、赵茜译，北京：中国人民大学出版社。

Nigel Parton、Patrick O'Byrne，2013，《建构性社会工作：迈向一个新的实践》，梁昆译，上海：华东理工大学出版社。

Abbott, Andrew. 1995. "Boundaries of Social Work or Social Work of Boundaries?: The Social Service Review Lecture." *Social Service Review* 4.

Al-Krenawi, Alean & John R. Graham. 2001. "The Cultural Mediator: Bridging the Gap Between a Non-Western Community and Professional Social Work Practice." *The British Journal of Social Work* 5.

Anheier, Helmut K. 2009. "What Kind of Nonprofit Sector, What Kind of Society?: Comparative Policy Reflections." *American Behavior Scientist* 7.

Bifulco, Lavinia. 2014. "Citizenship and Governance at a Time of Territorialization: The Italian Local Welfare Between Innovation and Fragmentation." *European Urban and Regional Studies*.

Brodkin, Evelyn Z. 2008. "Accountability in Street-Level Organizations." *International Journal of Public Administration* 3.

Brodkin, Evelyn Z. 1997. "Inside the Welfare Contract: Discretion and Accountability in State Welfare Administration." *Social Service Review* 1.

Cohen, Carol S. & Michael H. Phillips. 1997. "Building Communi-

ty: Principles for Social Work Practice in Housing Settings."
Social Work 5.

Common, Richard. 2001. *Public Management and Policy Transfer in Southeast Asia*. Aldershot: Ashgate Publishing Limited.

Dickens, J. 2010. *Social Work and Social Policy: An Introduction*. London: Routledge.

DiMaggio, Paul J. & Helmut K. Anheier. 1990. "The Sociology of Nonprofit Organizations and Sectors." *Annual Review of* 16.

Durose, Catherine. 2007. "Beyond 'Street-Level Bureaucrats' Re-interpreting the role of Front Line Public Sector Workers." *Critical Policy Analysis* 1.

Ellis, Kathryn. 2007. "Direct Payments and Social Work Practice: The Significance of 'Street-Level Bureaucracy' in Determining Eligibility." *The British Journal of Social Work* 3.

Ellis, Kathryn, Ann Davis, & Kirstein Rummery. 2002. "Needs Assessment, Street-level Bureaucracy and the New Community Care." *Social Policy & Administration* 3.

Evans, Tony & John Harris. 2004. "Street-Level Bureaucracy, Social Work and the (Exaggerated) Death of Discretion." *The British Journal of Social Work* 34.

Evans, Tony. 2011. "Professionals, Managers and Discretion: Critiquing Street-Level Bureaucracy." *The British Journal of Social Work* 2.

Ferlie, Ewen & Perter Steane. 2002. "Changing Developments in NPM." *International Journal of Public Administration* 12.

Finch, Wilbur A. 1976. "Social Workers Versus Bureaucracy." *Social Work* 5.

Gibelman, Margaret. 1999. "The Search for Identity: Defining Social Work—Past, Present, Future." *Social Work* 4.

Gidron, Benjamin, Ralph M. Kramer, & Lester M. Salamon. 1992. "Government and the Third Sector in Comparative Perspective: Allies or Adversaries." In Benjamin Gidron, Ralph M. Kramer, & Lester M. Salamon (eds.), *Government and the Third Sector: Emerging Relationships in Welfare States*. San Francisco: Jossey-Bass Publishers.

Goode, William J. 1969. "The Theoretical Limits of Professionalization." In Amitai Etzioni (eds.), *The Semi-Professions and Their Organization: Teachers, Nurses, Social Workers*. New York: The Free Press.

Goodsell, Charles T. 1981. "Looking Once Again at Human Service Bureaucracy." *Journal of Politics* 3.

Gordon, William E. 1965. "Knowledge and Value: Their Distinction and Relationship in Clarifying Social Work Practice." *Social Work* 3.

Halliday, Simon, Nicola Burns, Neil Hutton, Fergus Mcneill, & Cyrus Tata. 2009. "Street-Level Bureaucracy, Interprofessional Relations, and Coping Mechanisms: A Study of Criminal Justice Social Workers in the Sentencing Process." *Law & Policy* 10.

Hardina, Donna, Jane Middleton, Salvador Montana, & Roger A. Simpson. 2007. *An Empowering Approach to Managing Social Service Organizations*. New York: Springer Publishing Company, LLC.

Harris, John. 1998. "Scientific Management, Bureau-Professionalism, New Managerialism: The Labour Process of State Social Work." *The British Journal of Social Work* 6.

Heilmann, Sebastian. 2008. "From Local Experiments to National Policy: The Origins of China's Distinctive Policy Process." *The China Journal* 59.

Howe, D. 1991. "Knowledge Power and the Shape of Social Work Practice." In *The Sociology of Social Work*, edited by Davies, M. London: Routledge.

Jackson, Nelson C. 1957. "Building Community Understanding of Racial Problems." *Social Work* 3.

Keiser, Lael R. & Joe Soss. 1998. "With Good Cause: Bureaucratic Discretion and the Politics of Child Support Enforcement." *American Journal of Political Science* 4.

Keiser, Lael R. 1999. "State Bureaucratic Discretion and the Administration of Social Welfare Programs: The Case of Social Security Disability." *Journal of Public Administration Research and Theory* 1.

Kooiman, Jan. 2003. *Governing as Governance*. Sage.

Lavallée, Lynn F. 2010. "Blurring the Boundaries: Social Work's Role in Indigenous Spirituality." *Canadian Social Work Review / Revue Canadienne de Service Social* 1.

Lipsky, Michael. 1980. "Street-level Bureaucracy: Dilemmas of the Individual in Public Services." New York: Russell Sage Foundation.

Lymbery, Mark. 1998. "Care Management and Professional Autonomy: The Impact of Community Care Legislation on Social Work with Older People." *British Journal of Social Work* 6.

Munro, E. 1998. *Understanding the Social Work: An Empirical Approach*. London: Athlone Press.

Najam, Adil. 2000. "The Four C's of Government Third Sector-Government Relations." *Nonprofit Management and Leadership* 4.

Naparstek, Arthur J. & Dennis Dooley. 1997. "Countering Urban Disinvestment Through Community-Building Initiatives." *Social Work* 5.

Nielsen, Vibeke Lehmann. 2006. "Are Street-Level Bureaucrats Compelled or Enticed to Cope?" *Public Administration* 4.

Nisbet, Robert A. 1953. *The Quest for Community: A Study in the Ethics of Order and Freedom*. New York: Oxford University Press.

O'Leary, Patrick, Ming-Sum Tsui, & Gillian Ruch. 2013. "The Boundaries of the Social Work Relationship Revisited: Towards a Connected, Inclusive and Dynamic Conceptualisation." *The British Journal of Social Work* 1.

Patton, M. Q. 1997. *Utilization Evaluation, Newburry Park*. CA: Sage Posavac.

Payne, Malcolm. 2006. *What Is Professional Social Work*. British: The policy press University of British.

Payne, Malcolm. 2015. *Modern Social Work Theory*. Oxford University Press.

Pollitt, C. 1987. "The Politics of Performance Assessment: Lessons for Higher Education." *Studies in Higher Education* 1.

Reamer, Frederic G. 2003. "Boundary Issues in Social Work: Managing Dual Relationships."

Reamer, Frederic G. 2012. *Boundary Issues and Dual Relationships in the Human Services* (second edition). New York: Columbia University Press.

Reisch, Michael & Stanley Wenocur. 1986. "The Future of Community Organization in Social Work: Social Activism and the Politics of Profession Building." *Social Service Review* 1.

Ron, Walton. 2005. "Social Work as a Social Institution." *The British Journal of Social Work* 5.

Rothman, J. 1979. "Three Models of Community Organization Practice, Their Mixing and Phasing." In F. M. Cox (eds.), *Strategies of Community Organization*. Illinois: F. E. Peacock.

Schneider, Susan C. 1987. "Managing Boundaries in Organizations." *Political Psychology* 3.

Schon, D. A. 1983. *The Reflective Practitioner: How Professionals Think in Action*. New York: Basic Books.

Scott, Patrick G. 1997. "Assessing Determinants of Bureaucratic Discretion: An Experiment in Street-Level Decision Making." *Journal of Public Administration Research & Theory* 1.

Scott, W. Richard. 1969. "Professional Employees in a Bureaucratic Structure: Social Work." In Amitai Etzioni (eds.), *The Semi-Professions and Their Organization: Teachers, Nurses, Social Workers*. New York: The Free Press.

Toren, Nina. 1969. "Semi-Professionalism and Social Work: A Theoretical Perspective." In Amitai Etzioni (eds.), *The Semi-Professions and Their Organization: Teachers, Nurses, Social Workers*. New York: The Free Press.

Toren, Nina. 1972. Social Work: The Case of a Semi-profession. Sage Publications, Inc.

Walton, Ron. 2005. "Social Work as a Social Institution." *The British Journal of Social Work* 5.

Weil, Marie O. 1996. "Community Building: Building Community Practice." *Social Work* 5.

Witmer, Helen Leland. 1942. Social Work: An Analysis of a Social Institution. New York: Farrar & R inehart.

Young, Dennis R. 2000. "Alternative Models of Government-nonprofit Sector Relations: Theoretical and International Perspectives." *Nonprofit and Voluntary Sector Quarterly* 1.

附　录

1. 广州市家庭综合服务中心（社工服务站）承接情况

（截至 2019 年 4 月 15 日，根据广州市社会工作服务网整理）

区域	名称	承接机构名称	成立时间
越秀区（22家）	北京街广卫家庭综合服务中心	广州市启创社会工作服务中心	2012/3/21
	洪桥街家庭综合服务中心	广东善缘社会工作服务中心	2012/4/1
	矿泉街家庭综合服务中心	广州阳光社会工作事务中心	2010/12/1
	光塔街家庭综合服务中心	广州市新跨越社会工作综合服务中心	2016/4/15
	白云街家庭综合服务中心	广州市社会工作服务中心	2012/3/20
	登峰街家庭综合服务中心	广州市开心社会工作发展服务中心	2012/3/20
	人民街社工服务站	广州阳光社会工作事务中心	2012/3/20
	六榕街家庭综合服务中心	广州市普爱社会工作服务中心	2012/3/30

续表

区域	名称	承接机构名称	成立时间
越秀区 （22家）	梅花村街家庭综合服务中心	广州市越秀区思媛社会工作服务中心	2012/3/20
	建设街家庭综合服务中心	广州阳光社会工作事务中心	2012/2/17
	人民街大新家庭综合服务中心	广州阳光社会工作事务中心	2012/3/20
	流花街家庭综合服务中心	广州市心悦社区发展中心	2012/3/5
	黄花岗街家庭综合服务中心	广州市越秀区思媛社会工作服务中心	2012/3/28
	大东街家庭综合服务中心	广州市越秀区思媛社会工作服务中心	2012/3/20
	东山街家庭综合服务中心	广州市北斗星社会工作服务中心	2012/3/20
	华乐街家庭综合服务中心	广州市普爱社会工作服务社	2012/3/19
	北京街家庭综合服务中心	广州市中大社工服务中心	2012/2/16
	光塔街诗书家庭综合服务中心	广州市普爱社会工作服务社	2012/4/1
	广州市越秀区西华路凉亭	广州市侨颐社会服务中心	2012/4/1
	大塘街家庭综合服务中心	广州市白云区岭南社会服务中心	2015/3/20
	珠光街家庭综合服务中心	广州益人社会工作服务中心	2012/3/20
	农林街家庭综合服务中心	广州市越秀区思媛社会工作服务中心	2012/3/26

续表

区域	名称	承接机构名称	成立时间
海珠区（19家）	沙园街家庭综合服务中心	广州市广爱社会工作服务中心	2010/5/28
	瑞宝街家庭综合服务中心	广州市心明爱社会工作服务中心	2012/6/22
	江南中街家庭综合服务中心	广州市心明爱社会工作服务中心	2009/10/8
	滨江街家庭综合服务中心	广州市心明爱社会工作服务中心	2018/6/1
	新港街家庭综合服务中心	广州市白云恒福社会工作服务社	2015/6/1
	南洲街道家庭综合服务中心	广州市广爱社会工作服务中心	2015/7/1
	琶洲街家庭综合服务中心	广州市手拉手社会工作服务中心	2011/9/15
	凤阳街家庭综合服务中心	广州市穗星社会工作服务中心	2012/5/10
	广州市官洲街社工服务站	广州市心乐园社会工作服务中心	2012/5/10
	龙凤街道家庭综合服务中心	广州市广爱社会工作服务中心	2012/5/1
	华洲街道家庭综合服务中心	广州市穗星社会工作服务中心	2015/7/1
	江海街家庭综合服务中心	广州市恒福社会工作服务社	2012/5/15
	素社街家庭综合服务中心	广州市启创社会工作服务中心	2018/7/5
	海幢街家庭综合服务中心	广东善缘社会工作服务中心	2012/6/7

续表

区域	名称	承接机构名称	成立时间
海珠区（19家）	南华西街家庭综合服务中心	广州市海珠区华仁社会工作服务中心	2012/11/1
	南石头街社工服务站	广州市恒福社会工作服务社	2012/6/15
	赤岗街道家庭综合服务中心	广州市穗星社会工作服务中心	2012/6/1
	官洲街赤沙家庭综合服务	无说明	2012/6/5
	昌岗街家庭综合服务中心	广州市穗星社会工作服务中心	2012/5/10
荔湾区（21家）	站前街家庭综合服务中心	广州粤穗社会工作事务所	2012/8/9
	东沙街家庭综合服务中心	广东善缘社会工作服务中心	2012/9/1
	花地街社工服务站	广州市荔湾区恒福社会工作服务中心	2012/9/3
	广州市南源街社工服务站	广州市北达博雅社会工作服务中心	2012/9/1
	沙面街家庭综合服务中心	广州市荔湾区逢源人家服务中心	2012/9/11
	海龙街家庭综合服务中心	广州市大同社会工作服务中心	2011/1/1
	广州市多宝街社工服务站	广州市荔湾区恒福社会工作服务中心	2012/8/17
	白鹤洞街家庭综合服务中心	广州市新跨越社会工作综合服务中心	2012/9/1
	彩虹街家庭综合服务中心	广州市中大社工服务中心	2012/9/1

续表

区域	名称	承接机构名称	成立时间
荔湾区（21家）	冲口街家庭综合服务中心	广州市心乐园社会工作服务中心	2012/8/23
	龙津街社工服务站	广州市北斗星社会工作服务中心	2011/7/7
	广州市岭南街社工服务站	广州市北斗星社会工作服务中心	2012/9/1
	东漖街社工服务站	优势力社会工作发展中心	2012/9/1
	金花街家庭综合服务中心	广州市北达博雅社会工作服务中心	2011/3/1
	逢源街家庭综合服务中心	广州市荔湾区逢源人家服务中心	2010/10/1
	石围塘街家庭综合服务中心	广州基督教青年会	2012/9/28
	昌华街家庭综合服务中心	广州市新跨越社会工作综合服务中心	2012/9/10
	西村街社工服务站	广州市荔湾区逢源人家服务中心	2012/9/3
	茶滘街家庭综合服务中心	广州市广爱社会工作服务中心	2012/9/1
	广州市华林街社工服务站	广州市荔湾区恒福社会工作服务中心	2012/9/8
	中南街家庭综合服务中	广州市大同社会工作服务中心	2012/8/20
天河区（21家）	龙洞街家庭综合服务中心	广州市协和社会工作服务中心	2011/12/31
	黄村街家庭综合服务中心	广州市大家社会工作服务中心	2011/10/11

续表

区域	名称	承接机构名称	成立时间
天河区（21家）	林和街家庭综合服务中心	广州市广爱社会工作服务中心	2012/1/1
	棠下街家庭综合服务中心	广州市大家社会工作服务中心	2011/12/19
	广州市冼村街社工服务站	广州市中大社工服务中心	2012/7/18
	广州市沙河街社工服务站	广州市广爱社会工作服务中心	2018/9/21
	车陂街家庭综合服务中心	广州市天河区惠爱社区服务中心	2011/9/1
	前进街家庭综合服务中心	广州市风向标社会工作服务中心	2015/6/25
	长兴街家庭综合服务中心	广东岭南至诚社会工作服务中心	2015/8/24
	广州市兴华街社工服务站	无说明	2012/6/25
	广州市五山街社工服务站	广州市北斗星社会工作服务中心	2012/7/16
	员村街家庭综合服务中心	广州市天河区启智社会工作服务中心	2012/8/31
	猎德街家庭综合服务中心	广州市中大社工服务中心	2012/7/17
	沙东街家庭综合服务中心	广州市天河区启智社会工作服务中心	2011/11/23
	石牌街家庭综合服务中心	广州市天河区启智社会工作服务中心	2011/11/1
	珠吉街家庭综合服务中心	无说明	2011/11/1
	天河南街社工服务站	广州市天河区启智社会工作服务中心	2019/1/1

续表

区域	名称	承接机构名称	成立时间
天河区 （21家）	天园街家庭综合服务中心	广州市风向标社会工作服务中心	2011/8/17
	凤凰街家庭综合服务中心	广州市天河区嘉禧社会工作服务中心	2016/1/15
	广州市新塘街社工服务站	无说明	2019/2/1
	元岗街社工服务站	广州市北斗星社会工作服务中心	2012/7/10
白云区 （22家）	均禾街家庭综合服务中心	广州市白云恒福社会工作服务社	2012/6/29
	新市街家庭综合服务中心	广州市白云恒福社会工作服务社	2012/6/29
	同德街家庭综合服务中心	广州市白云区同德社会工作服务中心	2012/3/1
	永平街家庭综合服务中心	广州市白云恒福社会工作服务社	2012/6/1
	同和街家庭综合服务中心	广州市白云恒福社会工作服务社	2012/4/1
	石门街家庭综合服务中心	广州市风向标社会工作服务中心	2016/3/16
	嘉禾街家庭综合服务中心	广州市白云恒福社会工作服务社	2012/7/1
	广州市鹤龙街社工服务站	无说明	2016/2/1
	江高镇家庭综合服务中心	广州市白云区天星社会工作服务中心	2013/11/18
	云城街家庭综合服务中心	广州市心悦社区发展中心	2015/6/16
	人和镇家庭综合服务中心	广州市同心社会工作服务中心	2013/9/18

续表

区域	名称	承接机构名称	成立时间
白云区 （22家）	广州市京溪街社工服务站	广州市白云恒福社会工作服务社	2011/3/2
	金沙街家庭综合服务中心	广州市白云恒福社会工作服务社	2011/6/24
	白云区太和镇家庭综合服务中心	广州阳光社会工作事务中心	2013/11/25
	棠景街家庭综合服务中心	广州市青宫社会工作服务中心	2012/2/28
	景泰街家庭综合服务中心	广州市白云区怡景社会工作服务中心	2012/9/29
	黄石街家庭综合服务中心	广州市白云区岭南社会服务中心	2012/6/6
	石井街家庭综合服务中心	无说明	2012/7/26
	三元里街家庭综合服务中心	广州阳光社会工作事务中心	2011/1/1
	白云湖街家庭综合服务中心	广东善缘社会工作服务中心	2016/3/1
	松洲街家庭综合服务中心	广州市白云区岭南社会服务中心	2012/3/1
	钟落潭镇社工服务站	广州市心明爱社会工作服务中心	2016/12/28
黄埔区 （16家）	东区街家庭综合服务中心	广州市黄埔区现代社会工作服务中心	2011/3/21
	夏港街家庭综合服务中心	广州市黄埔区同人社会工作服务中心	2011/3/17
	南岗街家庭综合服务中心	广州市黄埔区普爱社会工作服务社	2010/10/29
	云埔街社工服务站	广州市黄埔区普爱社会工作服务社	2018/9/1

续表

区域	名称	承接机构名称	成立时间
黄埔区 （16家）	九龙镇九佛片区家庭综合服务中心	广州市天河区启智社会工作服务中心	2011/6/1
	大沙街家庭综合服务中心	广州市黄埔区同人社会工作服务中心	2011/7/6
	广州市红山街社工服务站	广州粤穗社会工作事务所	2011/7/1
	九龙镇镇龙片区家庭综合服务中心	广州市黄埔区香雪社会工作服务中心	2011/6/30
	联和街家庭综合服务中心	广州市中大社工服务中心	2010/10/1
	长洲街家庭综合服务中心	广州市洋城社会工作服务中心	2012/7/23
	永和街家庭综合服务中心	广州市同心社会工作服务中心	2011/3/1
	广州市萝岗街社工服务站	广州市星空社会工作发展中心	2011/4/8
	文冲街家庭综合服务中心	广州市洋城社会工作服务中心	2011/8/1
	穗东街家庭综合服务中心	广州市黄埔区普爱社会工作服务中心	2011/7/4
	鱼珠街家庭综合服务中心	广州市广爱社会工作服务中心	2011/7/28
	黄埔街家庭综合服务中心	广州市北斗星社会工作中心	2011/4/27
花都区 （9家）	广州市炭步镇社工服务站	广州市越秀区思媛社会服务中心	2015/12/1
	花山镇家庭综合服务中心	广州市花都区绿叶社会工作服务中心	2016/9/1

续表

区域	名称	承接机构名称	成立时间
花都区 （9家）	广州市花城街社工服务站	广州市花都区绿叶社会工作服务中心	2014/3/3
	新雅街家庭综合服务中心	广州市同心社会工作服务中心	2015/12/25
	狮岭镇家庭综合服务中心	广州市黄埔区优势力社会工作服务中心	2015/12/1
	秀全街家庭综合服务中心	广州市明镜社工服务中心	2015/12/1
	赤坭镇家庭综合服务中心	广州市花都区启明社会工作服务中心	2017/2/17
	花东镇家庭综合服务中心	无说明	2015/11/27
	新华街家庭综合服务中心	无说明	缺失
番禺区 （17家）	钟村街家庭综合服务中心	广州市番禺区正阳社会工作服务中心	2011/12/28
	化龙镇家庭综合服务中心	广州市番禺区普爱社会工作服务中心	2012/6/29
	桥南街家庭综合服务中心	广州市番禺区桥创社会工作服务中心	2010/8/1
	石壁街家庭综合服务中心	广州市和悦社会工作服务中心	2011/12/1
	大龙街社工服务站	广州市番禺区阳光天使社会工作服务中心	2012/5/14
	市桥街东西片社工服务站	广州市番禺区普爱社会工作服务中心	2011/12/1
	小谷围街家庭综合服务中心	广州市风向标社会工作服务中心	2013/9/4
	石碁镇家庭综合服务中心	广州市番禺区和悦社会工作服务中心	2012/6/28

续表

区域	名称	承接机构名称	成立时间
番禺区（17家）	石楼镇家庭综合服务中心	广州市番禺区阳光天使社会工作服务中心	2012/6/7
	沙湾镇家庭综合服务中心	广州市番禺区和悦社会工作服务中心	2012/5/1
	沙头街家庭综合服务中心	广州市番禺区正阳社会工作服务中心	2011/12/28
	南村镇家庭综合服务中心	广州市白云区博爱社会工作服务中心	2011/12/1
	大石街家庭综合服务中心	广州市番禺区和悦社会工作服务中心	2012/10/1
	番禺区新造镇家庭综合服务中心	无说明	2012/6/27
	东环街家庭综合服务中心	广州市番禺区正阳社会工作服务中心	2012/3/27
	市桥街中北片区家庭综合服务中心	广州市广爱社会工作服务中心	2014/9/1
	广州市洛浦街社工服务站	广州市番禺区阳光天使社会工作服务中心	2011/12/30
南沙区（9家）	黄阁镇家庭综合服务中心	无说明	2012/5/15
	南沙街家庭综合服务中心	广州市番禺区阳光天使社会工作服务中心	2011/9/1
	龙穴街家庭综合服务中心	广州市南沙区百民社会工作服务中心	2012/7/15
	万顷沙镇家庭综合服务中心	广州市南沙区百民社会服务中心	2012/7/10
	珠江街家庭综合服务中心	无说明	2011/8/1
	大岗镇家庭综合服务中心	广州市南沙区百民社会工作服务中心	2012/6/28

续表

区域	名称	承接机构名称	成立时间
南沙区（9家）	横沥镇家庭综合服务中心	广州市南沙区百民社会工作服务中心	2012/6/1
	榄核镇家庭综合服务中心	广州市番禺区正阳社会工作服务中心	2012/5/17
	东涌镇家庭综合服务中心	广州市番禺区阳光天使社会工作服务中心	2011/12/23
从化区（3家）	城郊街家庭综合服务中心	广州市大家社会工作服务中心	2012/8/1
	江埔街家庭综合服务中心	广州市和悦社会工作服务中心	2014/8/23
	街口街家庭综合服务中心	广州市从化区粤善社会工作服务中心	2011/4/23
增城区（8家）	朱村街家庭综合服务中心	无说明	2014/7/1
	荔城街家庭综合服务中心	广州市增城区乐众社会服务中心	2011/3/17
	派潭镇家庭综合服务中心	广州怀德社会工作服务中心	2015/4/13
	广州市正果镇社工服务站	广州市绿橡社会工作服务中心	2015/3/1
	增江街家庭综合服务中心	广州市恒福社会工作服务社	2014/12/1
	小楼镇家庭综合服务中心	广州市明镜社工服务中心	2016/4/1
	永宁街家庭综合服务中心	广州市大德社会工作服务中心	2016/7/20
	新塘镇家庭综合服务中心	广州市明镜社工服务中心	2016/3/1

2. 政府购买社会服务相关的政策目录

广东省社会工作政策文件（2008~2010年）[①]

第一部分：社会工作发展总体规划

1.《国家中长期人才发展规划纲要（2010—2020年）》

2.《民政部广东省人民政府共同推进珠江三角洲地区民政工作改革发展协议》

3.《落实部省协议率先建立现代社会工作制度工作方案》

4.《关于加强全省民政系统社会工作人才队伍建设的意见》（粤民人〔2009〕2号）

5.《中共广州市委广州市人民政府关于加快推进社会工作及其人才队伍发展的意见》（穗字〔2010〕12号）

6.《中共深圳市委深圳市人民政府关于加强社会工作人才队伍建设推进社会工作发展的意见》（深发〔2007〕18号）

7.《中共珠海市委珠海市人民政府关于加快社会工作发展的意见》（珠字〔2010〕14号）

8.《中共东莞市委东莞市人民政府关于加快社会工作发展的意见》（东委发〔2009〕11号）

第二部分：试点实施

9.《民政部关于开展社会工作人才队伍建设试点工作的通

---

① 广东省民政厅编。

知》（民办函〔2007〕50号）

10.《民政部关于开展社会工作人才队伍建设试点示范创建活动的通知》（民函〔2009〕87号）

11.《关于印发〈推进我市社会管理服务改革开展街道社区综合服务中心建设试点工作方案〉的通知》（穗民〔2010〕213号）

12.《关于印发〈东莞市社会工作试点实施方案〉的通知》（东委发〔2009〕10号）

第三部分：岗位设置及薪酬

13.《关于印发民政事业单位岗位设置管理指导意见的通知》（人社部发〔2008〕84号）

14.《关于印发〈广东省民政事业单位岗位设置管理指导意见〉的通知》（粤人社发〔2010〕72号）

15.《广州市社会工作专业岗位设置及社会工作专业人员薪酬待遇实施办法（试行）》（穗民〔2010〕229号）

16.《关于印发〈广州市民政局事业单位社会工作岗位设置指导意见〉的通知》（穗民〔2010〕95号）

17.《关于印发〈深圳市民政局系统编制内社工岗位设置实施办法（暂行）〉的通知》（深民〔2009〕148号）

18.《深圳市社会工作专业岗位设置方案（试行）》

19.《深圳市社会工作人才专业技术职位设置及薪酬待遇方案（试行）》

20.《东莞市社会工作专业岗位设置方案（试行）》

21.《东莞市社会工作人才专业技术职位设置及薪酬待遇方案（试行）》

第四部分：社会工作者职业水平评价制度

22.《关于印发〈社会工作者职业水平评价暂行规定〉和〈助理社会工作师、社会工作师职业水平考试实施办法〉的通知》（国人部发〔2006〕71号）

23.《民政部关于印发社会工作职业水平证书登记办法的通知》（民发〔2009〕44号）

24.《关于做好我省首次社会工作者职业水平证书登记工作的通知》（粤民社〔2009〕2号）

25.《深圳市社会工作者职业水平评价实施方案（试行）》

26.《东莞市社会工作者职业水平评价实施方案（试行）》

第五部分：培训及继续教育

27.《民政部关于印发社会工作继续教育办法的通知》（民发〔2009〕123号）

28.《关于在全省民政系统开展社会工作大培训工程的意见》（粤民社〔2010〕2号）

29.《深圳市社会工作人才教育培训方案（试行）》

30.《东莞市社会工作人才教育培训方案（试行）》

第六部分：民办社工机构的培育及管理

31.《民政部关于促进民办社工机构发展的通知》（民发〔2009〕145号）

32.《关于印发〈广东省民政厅关于进一步促进公益服务类社会组织发展的若干规定〉的通知》（粤民民〔2009〕96号）

33.《广州市扶持发展社会工作类社会组织实施办法（试行）》（穗民〔2010〕222号）

34.《深圳市发挥民间组织在社会工作中作用的实施方案（试行）》

35.《深圳市民政局关于印发〈社工机构行为规范指引〉的通知》（深民〔2008〕166号）

36.《深圳社工类民办非企业单位申办指引须知》

37.《关于印发〈珠海市民办社会工作服务机构扶持办法（试行）〉的通知》（珠民〔2010〕117号）

38.《东莞市发挥公益性社会组织在社会工作中作用的实施方案（试行）》

第七部分：财政支持

39.《关于开展政府购买社会组织服务试点工作的意见》（粤财行〔2009〕252号）

40.《关于印发〈广州市财政支持社会工作发展实施办法（试行）〉的通知》（穗财保〔2010〕169号）

41.《深圳市财政支持社会工作发展的实施方案（试行）》

42.《东莞市财政支持社会工作发展的实施方案（试行）》

第八部分：督导制度

43.《深圳市社工督导人员工作职责手册（试行）》

44.《深圳市2009年度社工督导人员上岗指引》

45.《深圳市社会工作者督导助理选拔与聘用办法》

第九部分：评估指标体系

46.《关于印发〈广州市政府购买社会服务考核评估实施办法（试行）〉的通知》（穗民〔2010〕221号）

47.《关于印发广州市街道社区综合服务中心试点建设期

间三个工作规范的通知》(穗民〔2010〕320号)

48.《深圳市社工机构综合评估办法》

第十部分：其他

49.《关于印发荔湾区开展社会工作人才队伍建设试点工作方案的通知》(荔办〔2008〕8号)

50.《越秀区社会工作人才孵化基地实施方案》(越民〔2009〕9号)

51.《广东省少年儿童救助保护中心社工科规章制度》

52.《广州市老人院关于进一步优化社会工作岗位设置与社工人员配置的实施意见（试行）》

53.《深圳市社会工作者守则》

54.《关于社工聘用问题的通知》(东社工办〔2010〕13号)

广东省社会工作政策文件选编
(2011~2013年)[①]

第一部分：社会工作发展总体规划

1.《中央18部委和群团组织关于加强社会工作专业人才队伍建设的意见》(中组发〔2011〕25号)

2.《中央19部委和群团组织社会工作专业人才队伍建设中长期规划（2011—2020年）》(中组发〔2012〕7号)

3.《中共广东省委广东省人民政府关于加强社会建设的决

---

① 广东省民政厅编。

定（节选）》（粤发〔2011〕17号）

4.《中共广东省委办公厅广东省人民政府办公厅关于加强社会工作人才队伍建设的实施意见》（粤办发〔2011〕22号）

5.《深圳市民政局深圳市社会工作事业发展"十二五"规划》（深民〔2012〕27号）

6.《珠海市人民政府珠海市社会工作促进办法》（珠海市人民政府令第91号）

7.《顺德区委顺德区政府关于建立现代社会工作制度的意见》（顺发〔2010〕15号）

第二部分：政府购买社工服务

8.《国务院办公厅关于政府向社会力量购买服务的指导意见》（国办发〔2013〕96号）

9.《民政部财政部关于政府购买社会工作服务的指导意见》（民发〔2012〕196号）

10.《广东省政府办公厅印发政府向社会组织购买服务暂行办法的通知》（粤府办〔2012〕48号）

11.《广东省民政厅关于进一步规范民政服务领域政府购买和资助社会工作服务的通知》（粤民社〔2013〕10号）

12.《广州市民政局广州市财政局政府购买服务评估人员名单数据库管理办法（试行）》（穗民〔2012〕279号）

13.《深圳市民政局关于调整政府购买社工服务资金使用标准的通知》（深民函〔2012〕395号）

14.《珠海市民政局珠海市财政局珠海市关于政府购买社会工作服务考核评估实施办法（试行）》（珠民〔2011〕99号）

15.《东莞市府办东莞市政府购买社会工作服务实施办法

（试行）》（东府办〔2011〕21号）

16.《东莞市府办东莞市政府购买社会工作服务考核评估实施办法（试行）》（东府办〔2011〕21号）

17.《中山市民政局关于印发社工服务有关规范指引的通知》（中民社字〔2012〕22号）

第三部分：社区社会工作服务

18.《民政部财政部关于加快推进社区社会工作服务的意见》（民发〔2013〕178号）

19.《广州市委办市府办关于加快街道家庭综合服务中心建设的实施办法》（穗办〔2011〕22号）

20.《广州市民政局关于进一步做好家庭综合服务中心建设工作若干问题的通知》（穗民函〔2012〕263号）

21.《深圳市民政局深圳市社区服务中心运营与评估标准》（深民函〔2013〕121号）

22.《惠州市社工委关于印发〈2013年惠州市社区综合服务中心示范点建设运营实施方案〉的通知》（惠市社委〔2013〕21号）

第四部分：培育和规范民办社工服务机构

23.《广州市民政局广州市财政局广州市地方税务局广州市民办社会工作服务机构公共财政基本支持实施办法（试行）》（穗民〔2012〕271号）

24.《深圳市民政局2011年度深圳市社会工作服务机构绩效评估实施办法》（深民函〔2011〕125号）

25.《深圳市社协深圳市社会工作服务机构聘请顾问管理办法（试行）》

26.《东莞市社会工作协会东莞市社会工作服务机构行为规范指引（试行）》

第五部分：培训和继续教育

27.《广东省民政厅广东省社会工作专业人才培育基地和广东省社会工作专业人才重点实训基地认定和管理办法（试行）》（粤民社〔2013〕9号）

28.《广东省民政厅关于社会工作者继续教育管理的实施办法（试行）》（粤民社〔2013〕14号）

29.《深圳市社协深圳市社会工作者继续教育实施细则（试行）》

30.《东莞市民政局东莞市社会工作者继续教育实施办法（试行）》（东民字〔2011〕107号）

31.《肇庆市社会工作人才队伍建设联席会议办公室关于印发〈肇庆市社会工作人才教育培训方案（试行）〉和〈关于建立市社会工作专业人培育基地的实施方案〉的通知》（肇社工联办〔2013〕2号）

32.《顺德区委办印发顺德区社会工作人才教育培训方案（试行）的通知》（顺办发〔2011〕41号）

33.《龙岗区百名社会工作高级人才培养选拔实施办法》

第六部分：岗位设置及薪酬

34.《珠海市民政局珠海市民政局事业单位社会工作岗位设置指导意见（试行）》（珠民〔2013〕63号）

35.《珠海市民政局珠海市社会工作人才专业技术职位设置及薪酬待遇指导意见》（珠民〔2013〕145号）

36.《中山市民政局中山市社会工作专业人员薪酬待遇指

引》（中民社字〔2012〕22号）

37.《顺德区委办顺德区社会工作专业岗位设置方案（试行）》（顺办发〔2011〕36号）

38.《顺德区委办顺德区社会工作人才专业技术职位设置及薪酬待遇方案（试行）》（顺办发〔2011〕39号）

第七部分：社会工作者职业水平评价制度

39.《深圳市社协深圳市社会工作者登记和注册管理办法》

40.《东莞市民政局东莞市社会工作者登记注册实施办法（试行）》（东民字〔2011〕107号）

第八部分：财政支持

41.《珠海市财政局珠海市民政局珠海市财政支持社会工作发展办法（试行）》（珠财〔2011〕78号）

42.《顺德区委办顺德区公共财政支持社会工作发展的实施方案（试行）》（顺办发〔2011〕40号）

第九部分：督导制度

43.《深圳市社协深圳市社会工作者督导助理选拔指引》

44.《东莞市民政局东莞市社会工作督导人才选拔培养办法（试行）》（东民字〔2011〕107号）

45.《东莞市社会工作协会东莞市社会工作督导工作职责手册（试行）》

第十部分：志愿服务

46.《民政部关于进一步推进志愿者注册工作的通知》（民函〔2010〕151号）

47.《民政部志愿服务记录办法》(民函〔2012〕340号)

48.《广东省民政厅团省委文明办关于推进社会工作者与志愿者联动工作的实施意见》(粤民社〔2013〕11号)

49.《中共中山市委办公室中山市人民政府办公室转发〈关于构建"社工+志愿者"联动体系的方案〉的通知》(中委办〔2013〕1号)

第十一部分：其他

50.《民政部社会工作者职业道德指引》(民发〔2012〕240号)

51.《广东省民政厅关于印发〈广东省民政事业单位养老机构社会工作服务指引(试行)〉等社会工作服务指引的通知》(粤民社〔2013〕8号)

52.《深圳市社协深圳市社会工作行业投诉处理规范(暂行)》

53.《珠海市民政局珠海市开展农村社会工作试点实施方案》(珠民〔2013〕84号)

54.《东莞市府办东莞市第一届公益创投活动实施方案》(东府办〔2011〕124号)

55.《东莞市第一届公益创投活动组委会办公室东莞市公益创投活动入选实施项目财务管理办法(试行)》(东民字〔2012〕72号)

56.《东莞市2012年积分制入户工作民政部门操作指引(社会工作人才)》

57.《东莞市社工办关于社工休假及相关问题的通知》(东社工办〔2011〕1号)

58.《中共肇庆市委办公室肇庆市人民政府办公室关于建

立肇庆市社会工作人才队伍建设联席会议制度的通知》（肇委办〔2010〕44号）

59.《肇庆市社会工作人才队伍建设联席会议办公室关于印发2013年肇庆市社会工作人才队伍建设工作职责分工方案的通知》（肇社工联办〔2013〕1号）

60.《肇庆市社会工作人才队伍建设联席会议办公室关于印发肇庆市社会工作人才队伍建设试点工作方案的通知》（肇社工联办〔2013〕3号）

广东省社会工作政策文件目录（2014年）

一 广州市

《广州市民政局关于对全市家庭综合服务中心评估工作进行统一集中招标采购的通知》

二 珠海市

1.《关于印发〈珠海市社会工作者继续教育实施办法（试行）〉的通知》（珠民〔2014〕25号）

2.《关于印发〈珠海市社会工作者登记管理办法〉的通知》（珠民〔2014〕111号）

3.《珠海市社会工作专业人才中长期规划（2014—2020年）》（珠组通〔2014〕107号）

4.《关于印发〈珠海市推进"社工+志愿者"联动工作实施方案〉的通知》（珠民〔2014〕118号）

5.《关于印发〈珠海市开展农村社会工作实施方案〉的

通知》（珠民〔2014〕197号）

6.《珠海市社会工作专业服务质量标准指引》

三 汕头市

《汕头经济特区社会工作者条例》（汕头市第十三届人民代表大会常务委员会第21号公告）

四 佛山市

1.《关于进一步推动民政事业单位设置社工专业岗位的工作意见》（佛民民〔2014〕33号）

2.《佛山市社会工作机构评估细则》

3. 佛山市委、佛山市政府《关于进一步发展志愿服务事业的实施意见》（佛发〔2014〕1号）

五 惠州市

1.《关于社会工作者职业水平考试证书补助实施方案》

2.《关于设立加强社会工作人才队伍建设工作领导小组办公室和开展社区社会工作服务的通知》

3.《惠州市民政局关于志愿服务记录办法（试行）》

4.《2014年惠州市社区综合服务中心建设运营实施方案》

5.《惠州市2014年社会工作初级督导、督导助理选拔实施方案》

六 汕尾市

1.《汕尾市社区志愿服务活动实施方案》

2.《汕尾市民政局志愿服务队开展志愿服务活动方案》

七 东莞市

《东莞市社区综合服务中心建设"以奖代补"实施方案》

八 中山市

1.《中山市市属行政事业单位购买社工服务项目联审工作办法》

2.《中山市专业社会工作服务项目评估实施办法》

3.《中山市专业社会工作服务项目评估标准》

4.《中山市专业社会工作服务标准》

九 江门市

1.《关于推进社会工作人才队伍建设的实施意见》（江社委发〔2014〕1号）

2.《江门市社会工作专业岗位设置及社会工作专业人员薪酬待遇试行办法》（江民社〔2014〕7号）

3.《江门市社会工作类民办非企业单位评估评分细则（试行）》的通知（江民民〔2014〕14号）

4.《关于推进社会工作者与志愿者联动工作的实施方案》（江社委发〔2014〕4号）

5.《关于加快推进城乡社区社工岗位设置工作的通知》（江民社〔2014〕13号）

十 阳江市

中共阳江市委组织部、阳江市社会工作委员会、阳江市民政局、阳江市人力资源和社会保障局《关于印发〈关于推进社会工作人才队伍建设的实施意见〉的通知》（阳民〔2014〕

67号)

十一 茂名市

中共茂名市委组织部、茂名市民政局《关于印发〈茂名市社会工作专业人才中长期规划（2014—2020年）〉的通知》（茂组通〔2014〕75号）

十二 肇庆市

1. 《关于印发〈首届"肇庆公益志愿服务季"——2014年肇庆市公益项目评选暨肇庆人人公益网1周年系列活动工作方案〉的通知》（肇社委〔2014〕2号）

2. 肇庆市文明委《关于印发〈关于推进肇庆市志愿服务制度化的实施方案〉的通知》（肇文明委〔2014〕11号）

3. 肇庆市文明办《关于印发〈肇庆市社区志愿服务实施方案〉的通知》（肇文明办〔2014〕47号）

十三 清远市

1. 《关于印发〈清远市社会工作者职业水平证书奖励实施方案〉的通知》（清民〔2014〕9号）

2. 《清远市社区志愿服务工作方案》（清文明委〔2014〕1号）

3. 《关于进一步做好社区志愿服务工作的通知》（团清联〔2014〕16号）

4. 《清远市志愿服务管理办法（试行）》

十四 揭阳市

1. 《揭阳市社会工作岗位设置及社会工作专业人员薪酬待

遇实施意见》

2.《揭阳市社区社工综合服务中心建设实施方案》

2015 年度广东省、市两级出台社工服务政策文件目录

一 省级 3 个

1.《广东省民政厅关于推进社区、社会组织和社会工作专业人才"三社联动"的意见》（粤民发〔2015〕164 号）

2.《广东省民政厅关于加快推进我省灾害社会工作服务的实施意见》（粤民发〔2015〕169 号）

3.《广东省民政厅关于加快推进我省社会事务社会工作服务的意见》（粤民发〔2015〕151 号）

二 市级 15 个

1.《广州市民政局关于印发广州市家庭综合服务中心项目招标文件有关文本设定指引（试行）的通知》（穗民〔2015〕213 号）

2. 珠海市民政局《关于印发社工服务有关规范指引的通知》（珠民〔2015〕149 号）

3. 珠海市民政局《关于加快推进"三社联动"创新基层社会治理的通知》（珠民〔2015〕152 号）

4. 珠海市委社会管理工作部、珠海市教育局、珠海市民政局、珠海市共青团《关于印发〈关于推进学校社会工作的指导意见〉的通知》（珠社管〔2015〕8 号）

5. 汕头市民政局《关于征集市级福彩公益金资助社会工

作专业服务项目的通知》（汕民通〔2015〕116号）

6. 汕头市民政局《关于建立镇（街道）社会工作专业服务常态化运作机制的通知》（汕民通〔2015〕226号）

7. 汕头市社会工作者协会《汕头市社会工作者星级评定试行办法》

8. 中共佛山市委办公室、佛山市政府办公室印发《关于重构基层社会治理模式的实施方案》（佛办发〔2015〕3号）

9. 佛山市民政局印发《佛山市2015年社会工作员培训及登记工作方案》（佛民民〔2015〕41号）

10. 佛山市民政局印发《佛山市民政局社会工作者继续教育实施细则》（佛民民〔2015〕65号）

11. 惠州市民政局《关于做好2015年惠州市社区综合服务中心督导工作的通知》（惠民人〔2015〕28号）

12. 惠州市社会工作委员会《关于进一步做好社区综合服务中心示范点挂点指导工作的通知》（惠市社委函〔2015〕37号）

13. 惠州市社会工作委员会、惠州市民政局、惠州市财政局《关于做好第一批社区综合服务中心延续运营工作的通知》（惠民〔2015〕143号）

14. 中山市社会工作委员会、中山市民政局《关于印发〈中山市社会工作专业人才十三五规划纲要（2016–2020年）〉的通知》（中社委发〔2015〕2号）

15. 江门市社工委、民政局、财政局、妇联、残联《关于印发〈江门市第二届"养老助残"公益创投活动实施方案〉通知》（江社委发〔2015〕1号）

后 记

本著作是国家社会科学基金项目"双重制度嵌入视角下的社区治理、社会工作制度与社区工作模式研究"结项报告修改后的成果。该成果是我们近十年来通过对广州市政府购买服务和社区工作发展的研究而形成的，项目组成员对十余年的实践进行了长时间的跟踪调查，形成了系列的论文并已发表，对广州市政府购买服务有较系统的了解和研究。

社区研究是社会学的重要分支，蕴含着学科对于社会的追寻。在我国，社区研究则是社会学被引入后开始形成的重镇，成为社会学研究社会的重要方法。社会学的燕京学派、乡建学派等都对社区做了较多的探讨，力图以社区为范式探寻社会建设的道路。中山大学的社会学传统也以社区为研究进路，从国立中山大学、岭南大学社会学继承而来，如陈序经、伍锐麟等诸位教授对于疍民、人力车夫等普通民众的关注和对于边缘人群的关怀。从1981年社会学恢复重建以来，在何肇发先生、蔡禾教授、黎熙元教授、张和清教授等学者的引领下，城市社区、集镇社区等成为主要的研究对象，他们也同样倡导学术研究和行动研究的结合。

社区研究存在于社会学的学术研究脉络及国家政策治理脉络中，前者强调社区作为一种共同体，后者则强调社区作为治理单元，重点的不同必然导致研究范式的不同。在以往的研究中，对于共同体的追求是社会学孜孜不倦努力的方向；而从这二十多年来的政策实践来看，社区事实上成为一个政策的话语，里面填充着从管理到治理的不同内容。过去十余年是我国社区建设转型的阶段，从原先强调社区建设到现阶段以城乡社区治理为重点，社区的概念也在发生变迁。从社区作为共同体层面的意义来看，社会学一直在追求人与人互动的共同体，在这个层面上讲，社区建设是对社区的建设。如果从社区服务的角度来看，则是在以空间为治理单元的社区，建立一个基于社区的社会服务输送体系。社区服务成为社区治理的含义之一，不同的个体在社区中得到应有的服务，妥善地安置于社区中。近年来，社区的概念愈加重要，成为替代"单位"的基层治理范式。社会服务供给受到社区治理制度及社会工作专业制度的双重影响，呈现具有本土特色的社区工作模式。研究希望关注从宏观的治理变迁到中观的社区服务供给的过程：宏观的治理变迁直接推动了社区的变革，社区在政策话语中的位置愈加重要，成为各种治理创新的试验点；中观的社区服务供给容纳了人们对美好生活家园的追求，以及与治理的各种互动和冲突等。最终，这些落脚于对人们美好生活需要的满足等。

　　社区同时是社会组织开展服务的立足点，社会组织在中国社会中的发育刚好承接了社区的范式，城乡社区组织发挥了越来越大的作用。因此，社区也成为社会发育的重要场域，并且是社会组织能够发挥职能的重要场域。社会组织要么被揉进街区权力结构，要么相对独立自主地开展服务，逐步发展成熟。从广州市十余年的发展来看，社工机构逐步成为社区中的重要社会力量，国家也在建构出新的社会服务输送体系。广州作为社会工作服务先行先试的地区，积累了较多的模式经验，也对国内其他城市有引领和推动作用，如家综模式也扩散到佛山、厦门等城市。本著作虽然提及社会服务困境等相关问题，但对于社会服务资源投入的增加、服务模式的改善及社会工作者的发展持较为积极的态度。

　　这是本著作的研究背景，社区的概念从社会学意义上的共同体转变为治理单元，也有了不同的范畴。我在博士学位论文研究中，关注社区作为共同体的范畴，讨论业主和业主委员会等社会力量的生长及社区治理的变迁，2016年将博士学位论文修改后出版。而本书则是另外一个范畴，即从治理单元的角度看社区、社区服务的输送问题。社区容纳了各种有序（无序）参与、社会控制、社区服务，也直接关乎人的生活。在书稿修改阶段，正值2020年新春，新冠肺炎疫情暴发。全国人民众志成城，抵抗疫情。其中，除了一线"抗疫"的医生外，社会组织、社区工作者、志愿者等也让人感动。而在全国人民聚焦的这场疫情战役中也暴露出来社区防控中社区工作者工作的繁重，多条线的任务下导致的疲惫等问题。治理的力量、社会自发的参与都在社区中展现出来，如何使它们结合在一起发挥更大的作用也给我们更多的思考空间。

　　同时，当服务进入新常态和新阶段之后，需要思考的是如何更好地回应居民的需求，以及如何更好地推动一个好社会的建设。一个好的社会中，被人们视为很重要的目的是被尊重的主体，是共同体的合作伙伴。好社会也是国家、市场和社会共同体非常平衡的社会，不同主体都有施展的空间。

　　本著作的完成要感谢很多人，本人参与的蔡禾教授的国家社会科学基金重大课题，研究内容也较为相关，因此从一开始蔡老师就给予了较多指导和支持，包括从研究的内容到框架各个方面。本书的出版经费也得到蔡老师的支持。同时，感谢王宁教授、黎熙元教授对研究的支持和鼓励，两位导师在我的研究中都给予了较多帮助。本书的部分内容在写作过程中与不同师友都有讨论,感谢张志敏、黄晓春、王星、朱健刚、王雨磊、左晓斯、孙菲、王水雄、谭海波、唐远雄、刘晓春、涂炯、王军等诸位师友提出的宝贵建议。书稿是项目组成员合作的成果,除了杨杰、熊慧玲之外,还有多位同学共同参与了项目的调研,包括霍宏尧、王劲为、戴玥、肖淑云、陈友情、韩杰等,特此感谢。书稿部分内容曾发表于《社会学研究》、《社会》、《学术研究》、《福建论坛》(人文社会科学版)、《兰州大学学报》(社会科学版)等刊物,在书稿行文过程中已经做了标注。

图书在版编目(CIP)数据

治理情境、专业制度与社会服务供给 / 黄晓星等著. -- 北京：社会科学文献出版社，2020.8
ISBN 978 - 7 - 5201 - 7126 - 7

Ⅰ.①治… Ⅱ.①黄… Ⅲ.①农村 - 城市化 - 研究 - 广州 Ⅳ.①F299.276.51

中国版本图书馆CIP数据核字（2020）第151281号

治理情境、专业制度与社会服务供给

著　　者 / 黄晓星　徐盈艳　熊慧玲　杨　杰

出 版 人 / 谢寿光
组稿编辑 / 谢蕊芬
责任编辑 / 张小菲
文稿编辑 / 张真真

出　　版 / 社会科学文献出版社·群学出版分社（010）59366453
　　　　　 地址：北京市北三环中路甲29号院华龙大厦　邮编：100029
　　　　　 网址：www.ssap.com.cn

发　　行 / 市场营销中心（010）59367081　59367083
印　　装 / 三河市尚艺印装有限公司

规　　格 / 开　本：787mm × 1092mm　1/16
　　　　　 印　张：17.25　字　数：207千字

版　　次 / 2020年8月第1版　2020年8月第1次印刷
书　　号 / ISBN 978 - 7 - 5201 - 7126 - 7
定　　价 / 118.00元

本书如有印装质量问题，请与读者服务中心（010 - 59367028）联系

版权所有 翻印必究